## THEORIE

Ein Wort zuvor . . . . . . . . . . . . . . . . . . . . . 5

### WAS ALLE KINDER BRAUCHEN . . . . 7

#### Die Grundlagen einer guten
Entwicklung . . . . . . . . . . . . . . . . . . . . . . 8
Unsere Kinder – einzigartige
Individuen . . . . . . . . . . . . . . . . . . . . . . 9
Was Sie für Ihr Kind tun können . . . . . . . 10
Der Dreh- und Angelpunkt:
das Selbstgefühl stärken . . . . . . . . . . . . . . 14

#### Die Grundlagen einer guten
Erziehung . . . . . . . . . . . . . . . . . . . . . . . 18
Was Sie für Ihr Kind tun können . . . . . . . 19
Das A und O: klare Regeln,
eindeutige Grenzen . . . . . . . . . . . . . . . . . 21

#### Die vier Kinder-Typen . . . . . . . . . . . . . . . 24
Wir-Experten und Ich-Experten:
zwei Orientierungsmarken . . . . . . . . . . . 25
Typenlehren früher und heute . . . . . . . . 28

#### Test: Welche Merkmale zeigt Ihr Kind? . . 30

## PRAXIS

### DAS SENSIBEL-KIND:
### KONTAKTFREUDIG UND
### MITFÜHLEND . . . . . . . . . . . . . . . . . . . . 37

#### Typisch Sensibel-Kind – Merkmale
und Eigenschaften . . . . . . . . . . . . . . . . . 38
Kontaktfreude, Schwärmerische Ader . . . 39
Sprachbegabung . . . . . . . . . . . . . . . . . . . 40
Große Kreativität . . . . . . . . . . . . . . . . . . 41
Einfühlungsvermögen . . . . . . . . . . . . . . . 41
Hilfsbereitschaft, Feine Antennen . . . . . . 42
Fähigkeit zum Mitleid . . . . . . . . . . . . . . . 43
Großzügigkeit . . . . . . . . . . . . . . . . . . . . . 44
Sinn für Dramatik . . . . . . . . . . . . . . . . . . 45

#### Was ein Sensibel-Kind braucht . . . . . . . 46
Aufmerksamkeit schenken . . . . . . . . . . . 47
Beziehungen pflegen . . . . . . . . . . . . . . . . 49
Halt geben . . . . . . . . . . . . . . . . . . . . . . . 53
Ein gutes Vorbild abgeben . . . . . . . . . . . 54
Ruhe und Rückzug ermöglichen . . . . . . . 55

### DAS PFLICHT-KIND: ZUVER-
### LÄSSIG UND HILFSBEREIT . . . . . . . . 59

#### Typisch Pflicht-Kind – Merkmale
und Eigenschaften . . . . . . . . . . . . . . . . . 60
Großes Engagement . . . . . . . . . . . . . . . . 61
Immer zu Diensten, Praktische Ader . . . . 61
Organisationstalent . . . . . . . . . . . . . . . . . 62
Verantwortungsbewusstsein . . . . . . . . . . 62
Zuverlässigkeit . . . . . . . . . . . . . . . . . . . . 63
Gefälligkeit . . . . . . . . . . . . . . . . . . . . . . . 64
Auf Faktenwissen aus . . . . . . . . . . . . . . . 65
Ordnungsliebe . . . . . . . . . . . . . . . . . . . . 66
Konservative Grundhaltung . . . . . . . . . . 67

#### Was ein Pflicht-Kind braucht . . . . . . . . 68
Die Einsatzfreude in vernünftige
Bahnen lenken . . . . . . . . . . . . . . . . . . . . 69

# Inhalt

Die praktische Veranlagung fördern.... 71
Pläne machen und improvisieren...... 74
Die Zuverlässigkeit loben .......... 76
Die Lust auf Detailwissen stillen...... 78

## DAS ABENTEUER-KIND: STARK UND ERFAHRUNGSHUNGRIG ..... 81

Typisch Abenteuer-Kind – Merkmale und Eigenschaften ................ 82
Sinnenfreude ..................... 83
Sammelleidenschaft, Erlebnishunger ... 84
Unternehmungslust ................ 85
Wagemut, Wenig aufs Äußere bedacht .. 86
Immer auf der Suche nach Spannung .. 87
Ungeduld ........................ 88
Rhythmische Begabung ............ 90
Handfest im Denken ............... 91

Was ein Abenteuer-Kind braucht ...... 92
Die Begeisterungsfähigkeit stärken .... 93
Den Freiheitsdrang steuern ......... 95
Das Risiko begrenzen .............. 97
Die Kontaktfähigkeit fördern ........ 99
Die Sinne schulen ................ 100

## DAS SCHLAUKOPF-KIND: SELBSTBEWUSST UND KLUG ..... 103

Typisch Schlaukopf-Kind – Merkmale und Eigenschaften ................ 104
Breit gefächertes Interesse ........... 105
Auf der Suche nach Zusammenhängen .. 106
Hartnäckigkeit ................... 107
Perfektionismus .................. 108
Freude an Belehrung .............. 109

Eigenständigkeit .................. 110
Eingeschränkte Kontaktfähigkeit ...... 111
Alles unter Kontrolle .............. 112
Freude an Systematik.............. 112
Ordentliches Chaos ................ 113

Was ein Schlaukopf-Kind braucht ..... 114
Für geistige Nahrung sorgen......... 115
Auf die Individualität eingehen ....... 116
Die Begeisterung für strukturiertes Denken aufgreifen ................ 117
Über Gefühle reden ............... 119
Den Leistungsdruck mindern ....... 121

## SERVICE

Bücher, die weiterhelfen ........... 124
Adressen, die weiterhelfen .......... 124
Sachregister ..................... 125
Impressum ...................... 127

## DIE AUTORINNEN

**Dr. Christine Kaniak-Urban** ist Lehrerin, Schulpsychologin sowie Kinder- und Jugendpsychotherapeutin. Sie hat lange in Theorie und Praxis zum Thema Kindertypologie geforscht und darüber auch promoviert. Sie leitete über viele Jahre eine schulpsychologische Beratungsstelle und ist heute freiberuflich tätig als Supervisorin und Coach. Frau Kaniak-Urban ist Mutter dreier erwachsener Kinder.

**Cornelia Nitsch** hat Soziologie studiert und war lange als Redakteurin bei verschiedenen Elternzeitschriften tätig. Heute ist sie freie Journalistin und eine der erfolgreichsten deutschen Autorinnen von Elternratgebern. Frau Nitsch hat vier Söhne und lebt bei Bad Tölz. Bei GU sind von ihr unter anderem erschienen: »Wie aus Kindern glückliche Erwachsene werden«, »Kinder gezielt fördern«.

# EIN WORT ZUVOR

Das eine geht mit Schwung und viel Temperament über Hecken und Zäune und will die Welt aus den Angeln heben. Das andere liegt lieber lesend auf seinem Bett und hängt seinen Träumen nach. Dass Kinder unterschiedlich sind, weiß jeder. Und wer mehrere Kinder hat, kann diese Unterschiedlichkeit täglich studieren. Welche besondere Persönlichkeit Ihr Kind hat, wollen Sie als Mutter, als Vater frühzeitig erkennen, damit Sie sich auf die Individualität und Besonderheiten Ihres Kindes einstellen und Ihren Erziehungsstil auf seine speziellen Fähigkeiten und Verhaltensweisen abstimmen können. In der Praxis heißt das: Neben allgemeingültigen Erziehungs- und Fördermaßnahmen brauchen Sie ein individuelles, für Ihr Kind maßgeschneidertes Konzept.

Dieses Konzept finden Sie in unserem Buch. Es macht Sie mit vier verschiedenen Kindertypen bekannt: mit dem Sensibel-Kind und dem Pflicht-Kind – das sind die beiden Wir-Experten – sowie mit dem Abenteuer-Kind und dem Schlaukopf-Kind – das sind die beiden Ich-Experten. Diese vier Typisierungen sind hilfreiche Orientierungsmuster im Umgang mit Kindern. Sie dienen als Leitfaden bei der Förderung und Erziehung von Kindern im Alter zwischen vier und zehn Jahren.

Auch wenn Ihr Kind keinem der hier beschriebenen Typen zu 100 Prozent entspricht, sondern – in unterschiedlicher Gewichtung – Anteile mehrerer Typen in sich trägt, hilft Ihnen dieses Buch weiter. Denn Sie lernen die wichtigsten Erkennungsmerkmale der unterschiedlichen Kindertypen kennen. Dadurch schärfen Sie Ihren Blick für die Bedürfnisse Ihres eigenen Kindes und können Ihr Kind gezielter und damit effektiver fördern und erziehen.

**Dr. Christine Kaniak-Urban**
**Cornelia Nitsch**

# WAS ALLE KINDER BRAUCHEN

Jedes Kind ist anders und muss individuell gefördert werden. Die Grundlagen einer guten Entwicklung und Erziehung sind jedoch für alle gleich. Um die geht es hier.

Die Grundlagen einer guten Entwicklung . . . . . . . . . . . 8
Die Grundlagen einer guten Erziehung . . . . . . . . . . . . . 18
Die vier Kinder-Typen . . . . . . . . . . . . . . . . . . . . . . . . . 24

# Die Grundlagen einer guten Entwicklung

**Jedes Kind hat bestimmte Erwartungen an das Leben.** Wir Eltern haben die Aufgabe, diese Bedürfnisse zu erkennen und im richtigen Maß darauf einzugehen, um damit eine tragfähige Basis für seine weitere Entwicklung zu legen. Der erste Schritt auf diesem Weg: die Individualität eines Kindes zu respektieren. Das ist keine Selbstverständlichkeit, denn obwohl sie wissen, dass jedes Kind sein eigenes Profil hat, scheren nicht wenige Erwachsene Kinder gerne über einen Kamm.

## Die Grundlagen einer guten Entwicklung

# Unsere Kinder – einzigartige Individuen

Kinder unterscheiden sich in ihrem Aussehen und in ihrem Wesen. Und diese Besonderheiten sind bereits bei einem Neugeborenen zu erkennen:

> **Von Anfang an hellwach.** Das eine Baby ist gleich nach der Geburt putzmunter und führt die Eltern per intensivem Blick und zartem Mauzen genau dahin, wo es seine Lieben haben möchte: Sie sollen sich ihm zuwenden und es unterhalten. Und weil sie dem Blick aus großen Babyaugen natürlich nicht widerstehen können, gehen die Erwachsenen prompt auf diese Aufforderung ein.

> **Still und in sich ruhend.** Das andere Baby ist ruhiger und schläfrig, es spannt nach der anstrengenden Geburt erst einmal aus. Auch das kann es bereits ausdrücken, indem es seinen Kopf zur Seite dreht. Dieses Signal bedeutet: Ich möchte meine Ruhe haben.

Wenn die Kinder älter werden, fallen die Unterschiede erst recht ins Auge. Mit jedem neuen Entwicklungsschritt staunen die Erwachsenen über die besonderen Eigenschaften und Merkmale von Kindern und die auffälligen Unterschiede zwischen ihnen. Wer sich umschaut, entdeckt immer neue Facetten. Eltern üben dabei ganz automatisch die Fähigkeiten, die sie im Umgang mit ihrem Kind brauchen: genaues Hinschauen, Beobachten, Mitschwingen, Einfühlen, Mitdenken. Nach und nach nehmen sie immer mehr Feinheiten der Entwicklung wahr: auf der einen Seite die Besonderheiten ihres Kindes und auf der anderen die Übereinstimmungen mit seinen Altersgenossen.

Weil alle Kinder ähnliche Grundbedürfnisse haben – wenn auch in unterschiedlicher Ausprägung –, so brauchen sie zuerst eine solide Basis:

> erstens interessante, stimmige Entwicklungsanreize,
> zweitens eine gute Erziehung.

Auf den folgenden Seiten werden zuerst die für alle Kinder gleichen Grundbausteine einer guten Entwicklung und Erziehung skizziert. Daran anschließend geht es dann ab Seite 37 um die Besonderheiten.

**TIPP: Unauffällig beobachten**
Nicht jeder mag dauernd beäugt werden. Lassen Sie Ihre Augen deshalb nicht zu offensichtlich auf Ihrem Kind ruhen, sondern bleiben Sie lieber diskret im Hintergrund.

## Was Sie für Ihr Kind tun können

Auch wenn ein Kind von Anfang an aus eigenem Antrieb darauf aus ist, seine Kompetenzen zu entwickeln, benötigt es dabei manchmal Nachhilfe: Ihre Unterstützung. Fördern Sie die Fähigkeiten Ihres Kindes, ohne seine Freiräume einzuengen.

### Achten Sie auf feste Bezugspersonen

Jedes Kind braucht feste Bezugspersonen: Eltern, Geschwister und weitere Betreuer, die für sein Wohl sorgen. Auch Freunde, Nachbarn und Bekannte ermöglichen neue Erfahrungen und sind deshalb unentbehrlich.

> **Die Oma: geliebte Vertraute.** Die Zweijährige jubiliert, wenn die Oma das Haus betritt und als Babysitter aktiv wird. An jedem Dienstag hat sie »Dienst«: ein Feiertag für die Enkelin.

Ein Kind sehnt sich nach Menschen, die ihm Aufmerksamkeit schenken. Die seinen Hunger nach Nahrung, Zärtlichkeit, Zuwendung stillen. Dabei stellen sich ihm Schritt für Schritt Fragen wie: Werde ich geliebt, so wie ich bin? Freuen sich die Menschen, die ich lieb habe, an mir? Kann ich mich auf sie verlassen? Lautet die Antwort »ja«, ist die Welt in Ordnung.

Wird das Kind älter, stellt es im Umgang mit den Mitmenschen weitere Überlegungen an: Wie wirke ich in meinem Umkreis? Was halten meine Freunde und Bekannten von mir? Wie gehen sie mit mir um? Bald merkt Ihr Kind, dass es Kontakte ausbauen, aber auch abbrechen und Beziehungen beeinflussen kann. Die Kontakte werden mit der Zeit immer differenzierter, und damit wächst seine Lebenserfahrung.

### Bieten Sie Ihrem Kind ein anregendes Umfeld

Eine anregende Umwelt und ein ausreichender Spielraum sind heute keine Selbstverständlichkeit mehr. Werden Sie als Eltern aktiv! Sorgen Sie dafür, dass Ihr Kind seine Kräfte einsetzen, sein Können erproben und all seine Sinne entwickeln kann: Gehen Sie mit ihm auf einen Abenteuerspielplatz oder einen Bolzplatz, fahren Sie ins Schwimmbad, oder bauen und basteln Sie gemeinsam im Hobbykeller …

---

**DIE VORBILDER: PAPA UND MAMA**

Sie sind das wichtigste Vorbild Ihres Kindes. An Ihren Werten orientiert es sich. Wie sieht das Vorbild aus, das Sie verkörpern? Nehmen Sie Ihr Verhalten immer wieder selbstkritisch unter die Lupe!

## Die Grundlagen einer guten Entwicklung

Vor allem beim Spielen und Experimentieren erkundet Ihr Sprössling die Welt: beim Werkeln mit Hammer und Nägeln, beim Basteln mit Papier und Pappe. Jedes neue Experiment bringt Ihr Kind ein Stück weiter.
Auch in seinem direkten Umfeld kann ein Kind anregende Erfahrungen sammeln:

> **Zwei Bastler unter sich.** Der Enkel werkelt zusammen mit dem Opa in der Garage herum. Die Lieblingsbeschäftigung des Kleinen: Neugierig in Plastikkästen voller Nägel, Haken und ähnlichen Schätzen wühlen. Was fängt man damit an?

Mit der Zeit geht Ihr Kind immer couragierter auf Entdeckungsreise, erforscht seine Umwelt und gestaltet sie. Wie benutze ich eine Schere? Wie funktioniert ein Staubsauger? Was kann ich mit einer Saftpresse anfangen? Je interessanter das Forschungsmaterial, desto lehrreicher.

### FÜR ALLE SINNE
Weil Kinder die Welt über ihre Sinne wahrnehmen, brauchen sie unterschiedliche Sinneserfahrungen: Spiele, Lieder, Verse. Direkte Erfahrungen bringen mehr als Filme im Fernseher oder Musik aus der Konserve.

### Seien Sie präsent

Was es auch tut, Ihr Kind braucht Sie als Verstärker oder Bremse. Als Echo. Wenn Sie lächeln und ihm freundlich in die Augen schauen, wenn Sie die Stirn runzeln oder gelangweilt in die Gegend sehen – immer sind Sie ein wichtiger Spiegel, in dem Ihr Kind sich betrachtet und wahrnimmt.

> »Flirten« Sie mit Ihrem Kind. Was kann es in Ihren Augen lesen?
> Seien Sie eindeutig in Ihren Reaktionen. Ihre Augen sollten dasselbe sagen wie Ihr Mund.

Dieser Spiegel zeigt Ihrem Kind: Jetzt liegst du mit deinem Tun genau richtig und nun eher daneben. Wenn Sie wichtige Erfahrungen mit ihm teilen, lernt es vor diesem sicheren Hintergrund, sich von anderen abzugrenzen (siehe Seite 55).

**FLINKE MÄDCHEN**

Übrigens haben die Mädchen bei vielen Entwicklungsprozessen die Nase vorn, etwa bei den sprachlichen. Ihre innere biologische Uhr tickt einfach ein bisschen schneller als die der Jungen.

## Nehmen Sie Rücksicht auf das individuelle Entwicklungstempo

Kinder eignen sich ihre Verhaltensweisen und Fähigkeiten in unterschiedlichem Tempo an, denn Lebenserfahrungen werden nicht beliebig gesammelt, sondern selektiv. So wird Ihr Kind nur diejenigen Erlebnisse verarbeiten, die seinem aktuellen Entwicklungsalter entsprechen. Keiner wird es dazu bringen, bestimmte Fähigkeiten wie etwa das Laufen, das Rechnen oder das Lesen eher zu lernen, als es seinem Reifegrad entspricht. Das jeweilige Lernen beginnt erst, wenn das Kind in seiner Entwicklung so weit ist. Wer sein Kind unterstützen und individuell fördern will, muss also wissen, wo es sich in seiner seelischen, geistigen und körperlichen Entwicklung gerade befindet.

## Machen Sie Ihrem Kind Mut

Kinder brauchen neue Entwicklungsanreize, aber keine Reizüberflutung. Finden Sie einen vernünftigen Mittelweg:
> Sorgen Sie immer wieder für neue Impulse: Machen Sie einen Ausflug in den Zoo, eine Fahrradtour ins Nachbardorf, einen Bummel durch die Stadt … Nicht zu oft, aber auch nicht zu selten – es kommt auf die richtige Dosierung an.
> Ermutigen Sie Ihr Kind, auf die Menschen und Dinge zuzugehen, die seine Neugier wecken, und freuen Sie sich gemeinsam mit Ihrem Kind über seine wachsende Selbstständigkeit.

## Fördern Sie Talente und Begabungen

Wer ein ausgeprägtes Talent besitzt, will es in der Regel auch nutzen: Bewegt sich Ihr Kind gerne, entwickelt es besonderen Eifer beim Sport. Malt es gerne, entwickelt es Kreativität in einem Malkurs. Liebt es Musik, lernt es mit Begeisterung ein Instrument.
> Beobachten Sie, welche Beschäftigungen Ihrem Kind besondere Freude machen und welche Anregungen es attraktiv findet.
> Gehen Sie auf die speziellen Interessen und besonderen Talente Ihres Kindes ein.

Wenn Sie an die Begabungen und die Vorlieben Ihres Sprösslings anknüpfen, fallen Ihre Anregungen auf fruchtbaren Boden. Ihr

**WICHTIG**

Kleine Kinder verdauen Neuigkeiten nur in kleineren Portionen. Deshalb: Eine Reizüberflutung bitte unbedingt vermeiden!

Kind wird mitziehen, fröhlich allein weitermachen, seine Eigenständigkeit genießen und immer gezielter nach Erfahrungen suchen, die zu seinen Neigungen passen.

### Garantieren Sie Ruhe und Regelmäßigkeit

Familie ist heute kein ruhender Pol mehr, sondern eine Drehscheibe, die schnell kreist. Der Alltag ist oft hektisch und straff durchorganisiert. Kinder und Eltern pendeln zwischen Kindergarten beziehungsweise Schule und Sportverein, zwischen Freizeit- und Förderangeboten. Besonders dann, wenn beide Eltern berufstätig sind oder aber wenn Sie alleinerziehende Mutter/alleinerziehender Vater sind, wird die Planung jeder neuen Woche zu einer Herausforderung. Deshalb: Fahren Sie den Stress zurück. Wirken Sie der Alltagshektik bewusst entgegen, indem Sie für Ruhephasen sorgen. Gemeinsame Mahlzeiten, wiederkehrende Rituale und regelmäßige Spielzeiten mindern die Belastungen und schenken der Kinderseele die nötigen Erholungspausen.

## VOM HUNGER NACH ERFAHRUNG

Eltern, Lehrer und Erzieher klagen oft über unruhige, unkonzentrierte, lustlose Kinder, die finster in die Zukunft sehen. Die Ursache? Bezugspersonen, die keinen Halt geben, und Umweltbedingungen, die wenig Entwicklungsanreize bieten. Denn viele Kinder verbringen ihre Zeit heute gut versorgt in Kindergarten, Schule und Hort. Abenteuerspielplätze und Freiräume, in denen sich die Kinder ausprobieren und austoben können, sind dagegen rar. Und das hat Folgen: Wer keine gute Beziehung zu sich selbst und zum Leben hat, versucht diesen Kontakt mit oft untauglichen Mitteln herzustellen. Dann wird zum Beispiel

> über die Stränge geschlagen, um den eigenen Körper zu spüren,
> eine Traumwelt ersonnen, um darin die Aufmerksamkeit zu bekommen, die in der Realität fehlt,
> angegeben, um die eigene Geltung zu unterstreichen.

Jungen überspielen ihren Stress übrigens gerne, indem sie den großen Macker geben, Raufereien anzetteln und aggressiv mit anderen umspringen. Mädchen ziehen sich dagegen eher in sich zurück. Ein Heilmittel: Achten Sie auf die kindlichen Bedürfnisse, und gehen Sie darauf ein.

## Der Dreh- und Angelpunkt: das Selbstgefühl stärken

Eine besonders wichtige Lektion für alle Kinder heißt: Selbsterfahrungen sammeln. Dieser Prozess beginnt bereits im Babyalter. Das Kind nimmt sich selbst wahr, lernt seinen Körper kennen:

> Die Füße – wie fühlen sie sich an?

> Die Hände – sind sie weich oder hart?

Sein immerwährendes Lernspiel heißt: Ich probiere mich aus. Ich schaue, wie weit ich komme, wenn ich zwei Jahre alt bin, vier Jahre, sechs Jahre … Mit der Zeit begreift es sich zunehmend als ein von seiner Mutter unabhängiges Wesen. Mit jedem neuen Tag erweitert sich sein Horizont.

Mit dem Einsatz seiner Sinne, seines Fühlens und Denkens lernt Ihr Kind: Ich kann meine Kräfte nutzen, neue Fähigkeiten entwickeln und Dinge bewegen!

> Erste Problemlösungen: Das Baby krabbelt zum Schrank, unter dem sein Ball verschwunden ist, und schafft es, den Ball zurückzuholen. Ein wunderbares Gefühl!

> Neues üben: Die Vierjährige schneidet eine Gurke sorgfältig in Scheiben und freut sich, wie gut ihr das gelingt.

> Erfolgserlebnisse sammeln: Der Siebenjährige tauscht im Supermarkt eine Wasserpistole um, weil sie nicht so ganz seinen Vorstellungen entspricht.

---

### SELBSTGEFÜHL – WAS BEDEUTET DAS?

Viele Kinder – besonders die Wir-Experten (siehe Seite 37–79) – sind stark damit beschäftigt, ihre Beziehungen zu anderen Menschen zu erforschen und so die Lebenserfahrungen zu sammeln, die ihnen wichtig sind. Selbsterfahrungen kommen dabei oft zu kurz mit der Folge, dass ihr Selbstgefühl nicht ausgeprägt ist. Als Selbstgefühl wird das Gespür für die eigene Person, das Gefühl für das eigene Ich bezeichnet. Wer über ein gutes Selbstgefühl verfügt, tritt selbstsicher auf. Diesen Kindern ist es weitgehend gleichgültig, was andere über sie denken. Ihr Selbstvertrauen ist unerschütterlich. Bei den Wir-Experten lassen diese Merkmale häufig zu wünschen übrig, während sie bei den Ich-Experten stärker ausgeprägt sind.

---

Wenn eine Hürde genommen ist, wächst Ihr Kind. Jede neue Erfahrung stärkt sein Selbstbewusstsein: Einfach wunderbar, eigene Ideen in die Tat umsetzen zu können! Mit zunehmender Lebenserfahrung, seiner wachsenden sinnlichen Wahrnehmungsfähigkeit und seinem differenzierteren Fühlen und Denken entwickelt sich sein Selbstgefühl.

### Fördern Sie die Selbstständigkeit
Erst krabbeln, dann laufen: Kinder wollen auf die Beine kommen, ihren Wirkungskreis erweitern, selbstständig werden.
> Stehen Sie Ihrem Kind bei seinen Exkursionen und Experimenten zur Seite, aber wirklich nur dann, wenn es nach Ihrer Unterstützung verlangt.
> Werden Sie vorsichtig aktiv, wenn Ihr Kind sich nur noch langweilt oder sich in eine Sackgasse bugsiert hat, aus der es allein nicht herausfindet, und bieten Sie ihm neue Anregungen, aber drängen Sie ihm Ihre Ideen nicht auf.

**TIPP: Selbstständigkeit unterstützen**
Unterstützen Sie den Drang Ihres Kindes nach mehr Selbstständigkeit. Denken Sie an Ihre eigene Kindheit: Was hat Sie früher weitergebracht? Manchmal helfen die eigenen Erinnerungen weiter.

**AUFMERKSAMKEIT**
Positive Aufmerksamkeit
tut gut, denn sie bedeutet
für das Selbstbewusstsein
Ihres Kindes: Ich bin wer.
Ich werde wahrgenommen!

> Geben Sie ihm die Gelegenheit, zwischen Alternativen zu wählen, denn damit unterstützen Sie seine Selbstständigkeit: Zusammen kochen oder lieber auf den Spielplatz gehen? Zusammen singen oder lieber allein mit Bauklötzen spielen? (Aber nicht übertreiben und dauernd Alternativen anbieten, nur ab und zu!)
> Lassen Sie es frühzeitig »an der langen Leine laufen«, damit es – natürlich immer seinem jeweiligen Alter gemäß – eigene Erfahrungen sammeln, selbst Entscheidungen treffen und selbst gestellte Aufgaben bewältigen kann wie zum Beispiel: Schaffe ich es schon, allein bei der Oma zu übernachten? Kann ich neben der Schule gleichzeitig intensiv im Verein Fußball spielen?

So lernt Ihr Kind mit der Zeit, dass es für die Folgen seiner Entscheidungen selbst verantwortlich ist.

### Sprechen Sie über Ihre Gefühle

Sprechen Sie über Ihre eigenen Gefühle und die Ihres Kindes.
> Zeigen Sie Ihre Freude über die Jahreszeiten und die Natur.
> Sprechen Sie Kummer an, etwa über den Verlust eines Freundes.

Schenken Sie den Gefühlen Ihres Kindes ausreichend Beachtung – eine wichtige Erfahrung, die für Ihr Kind bedeutet: Ich werde wahrgenommen! Meine Eltern setzen sich mit mir auseinander! Dieses Erlebnis zieht weitere positive Kreise: Es fühlt sich verstanden, in seiner Beziehung zur Familie gestärkt, lernt gleichzeitig seine eigenen Gefühle besser kennen und damit sich selbst (siehe Seite 42 und 47).

### Verstärken Sie Positives

Aber nicht nur positive Selbsterfahrungen, sondern auch negative prägen sich ein. Ein Beispiel: Wer meint, besonders schüchtern zu sein, wird nach einer Bestätigung dieser Meinung suchen: »Ich habe ja gleich gewusst, dass ich mich nicht trauen werde, allein zum Bäcker zu gehen!«
> Machen Sie sich für das Positive stark, ohne Negatives ganz unter den Teppich zu kehren.
> Stärken Sie immer wieder das Selbstwertgefühl Ihres Kindes, indem Sie ihm Erfolgserlebnisse verschaffen.

## Fördern, aber nicht überfordern

Eltern haben oft feste Vorstellungen davon, was ihr Kind leisten sollte. Sie stellen hohe Anforderungen an ihren Nachwuchs und übertreiben es mit der Förderung manchmal. Das nervt gewaltig. Keiner mag von vorn bis hinten umsorgt und mit durchgeplanten Förderprogrammen überhäuft werden. Wenn Sie Ihr Kind mit Förderprogrammen eindecken, seinen Ehrgeiz und Leistungswillen permanent anstacheln, dann wirkt dieses Zuviel schnell kontraproduktiv. Sie überfordern es und erreichen damit das Gegenteil Ihrer guten Absichten: Es macht dicht, will und mag nicht länger neugierig und aufnahmebereit sein. Seine Motivation ist dahin.

> Was tun? Auf die Lernprogramme verzichten, die heute gerne zur Leistungssteigerung propagiert werden und Ihnen vielleicht sinnvoll erscheinen. Chinesisch für Vorschulkinder etwa bringt Ihr Kind in seiner Entwicklung nicht weiter, weil es mit seinen speziellen Lebenserfahrungen wenig zu tun hat und ihm deshalb gleichgültig ist. Egal ob Junge oder Mädchen, egal welches Temperament Ihr Kind hat, es will frühzeitig eigenständig handeln und selbst aussuchen, was von Interesse ist. Es lässt sich ungern Lernstoff aufdrängen, sondern holt sich lieber das, was seinem Entwicklungsstand, seiner Neigung und seiner Begabung entspricht – erst recht im Vorschulalter.

**TIPP: Klassiker bevorzugt**

Toben, rennen, klettern, spielen, malen, basteln – was Kinder immer schon gern taten und für eine gesunde Entwicklung brauchen, tut ihnen erst recht in unseren technisierten Zeiten gut.

**GU-ERFOLGSTIPP**

**MIT EIGENEN ERFAHRUNGEN WACHSEN**

Kinder sitzen heute gerne vorm Fernseher oder spielen am Computer und konsumieren Lebensgeschichten aus zweiter Hand. Anderen beim Leben zuschauen – diese Beschäftigung kann eigene Lebenserfahrungen nicht ersetzen, denn Scheinerfahrungen bringen keine Entwicklungsanreize. Besser: Bieten Sie Ihrem Kind unmittelbare Erlebnisse, am besten speziell auf seinen Typus zugeschnittene. Gehen Sie mit ihm auf den Spielplatz. Machen Sie einen Ausflug in den Wald. Lassen Sie es basteln und werkeln …

# Die Grundlagen einer guten Erziehung

**Wie die Entwicklung beginnt auch die Erziehung** Ihres Kindes, sobald es auf der Welt ist. Denn schon ein Neugeborenes wickelt Mutter und Vater um den Finger, zeigt ihnen deutlich, dass es kein völlig hilfloses Wesen, sondern von Anfang an eine einmalige Persönlichkeit ist, die ihr eigenes Köpfchen hat.

Und wie geht man damit um? Egal ob zwei-, drei- oder sechsjährig – täglich probieren sich Kinder aus und überprüfen, wie die Umwelt auf ihre Aktionen reagiert:

Die Grundlagen einer guten Erziehung

> »Ich will den Ball haben, also nehme ich ihn einfach. Und was geschieht dann?«
> »Ich mag keinen Grießbrei essen. Was passiert, wenn ich ihn gar nicht erst probiere?«
> »Ich habe dir ein Bild gemalt. Wie findest du es?«

So unterschiedlich Kinder sich verhalten – in vielen brenzligen Situationen brauchen alle das Gleiche: eine eindeutige Reaktion der Erwachsenen. Wie bei der Entwicklungsförderung sind auch in der Erziehung einige wichtige Grundlagen zu beachten.

## Was Sie für Ihr Kind tun können

Jedes Kind wünscht sich Eltern, die mitdenken und mitfühlen, die ihm zeigen, was es zu tun und was es zu lassen hat. Die ihm eine Richtung im Leben vorgeben und sich um sein Wohlbefinden bemühen. Auf ganz unterschiedliche und unauffällige Art und Weise können Sie das tun.

### Zeigen Sie Ihre Achtung und Wertschätzung

> Drücken Sie Ihre Bewunderung aus für die besondere Wesensart Ihres Kindes. Zeigen Sie immer wieder, wie sehr Ihnen Ihr Kind am Herzen liegt.
> Machen Sie ihm hier und da eine Liebeserklärung, einfach so zwischen Tür und Angel.
> Zeigen Sie immer wieder, dass Sie gerne mit Ihrem Kind zusammen sind. Dass es eine wunderbare Bereicherung für Sie ist.

---

### GRUNDBEDÜRFNISSE: FÜR ALLE WICHTIG

Egal ob klein oder groß – folgende Grundbedürfnisse sind für alle Menschen wichtig:
> Körperliche Bedürfnisse: Wärme, Nähe, Nahrung, Gesundheit.
> Soziale Bedürfnisse: Liebe, Gemeinschaft, Unterhaltung und Anerkennung.
> Bedürfnis nach Schutz: Sicherheit, Geborgenheit und Halt, zuverlässige Orientierungsmuster, Unterstützung durch die Familie und Freunde.

Nur wenn diese Voraussetzungen erfüllt sind, kann sich Ihr Kind positiv entwickeln.

> **GU-ERFOLGSTIPP**
>
> **BEZIEHEN SIE EIN-DEUTIG POSITION!**
>
> Geraten Sie im Alltagsgeschäft leicht in einen Strudel aus Meckern und Motzen, Drohen und Strafen? Und schaltet Ihr Kind dann auf Durchzug? Besser: Vertreten Sie einen klaren Standpunkt. Stellen Sie Regeln auf. Hält sich Ihr Kind nicht daran, folgen Konsequenzen.

Wer sich geliebt und angenommen fühlt, geht sicher durchs Leben und kommt deshalb seltener auf die Idee, seine Muskeln spielen zu lassen und Machtkämpfe vom Zaun zu brechen.

### Loben Sie Ihr Kind

Jedes Lächeln, jedes freundliche Wort ist ein Stück Anerkennung, über das sich Ihr Kind freut.

> Tun Sie das Erfreuliche im Zusammenleben mit Kindern nicht als selbstverständlich und kaum der Rede wert ab.
> Zeigen Sie Ihrem Kind Ihre Bewunderung für sein Tun: »Toll, dass du den Tisch schon gedeckt hast!«

Ihr Lob sollte aber ernst gemeint sein und von Herzen kommen, denn Kinder haben ein feines Gespür für aufgesetzte, falsche Töne und taktisches Verhalten.

### Profitieren Sie voneinander

Beziehungen sind ein beiderseitiges Geben und Nehmen: »Ich lerne von dir, geduldig einen hohen Turm aus Bauklötzen zu bauen und nicht die Geduld zu verlieren, wenn er zusammenkracht!« – »Du lernst von mir, dass der Turm auf einem breiten Fundament sicherer steht!«

> Machen Sie häufiger deutlich, dass Sie von Ihrem Kind lernen, von ihm profitieren. Diese Haltung drückt Wertschätzung aus

## AUCH ELTERN MACHEN FEHLER

Im Leben mit Kindern kochen oft Emotionen hoch. Schon deshalb ist es ganz normal, dass Fehler gemacht werden.

> Doppelbotschaften. Das, was Eltern sagen und das, was sie meinen, stimmt bisweilen nicht überein. Wenn die Sechsjährige zum Beispiel zu einer Radtour startet, bekommt sie vielleicht zu hören: »Sei kein Angsthase, fahr los!« Gleichzeitig wird ihr nachgerufen: »Pass bloß auf!«

> Ungerechtigkeit. Wenn sich die Schwestern streiten, wird die Kleine von den Eltern getröstet. Ganz automatisch. Warum fragt keiner nach der Verursacherin des Streits? Was hilft? Genau hinhören, genau hinschauen mit unvoreingenommenem Blick.

und trägt dazu bei, dass Ihr Kind sich in seiner Haut wohl fühlt und ein gutes Selbstwertgefühl entwickeln kann.

## Das A und O: klare Regeln, eindeutige Grenzen

Ihr Kind braucht nicht nur Zuwendung und Aufmerksamkeit, sondern auch klare Richtlinien und jemanden, der ihm zuverlässig zeigt, wo's langgeht. Bei aller Achtung und Förderung seiner individuellen Bedürfnisse kann seine Freiheit nicht grenzenlos sein. Im Umgang mit anderen, bei der Organisation seines Alltags – immer wieder stößt es an Grenzen und muss frühzeitig erkennen, dass es Regeln gibt, an die es sich halten muss.

### Zeigen Sie Grenzen auf!

Wenn die große Freiheit gefährlich wird, stößt ein Kind an Grenzen: Der heiße Herd ist eine Grenze. Die gefährliche Straße ist eine Grenze.

> Erklären Sie, weshalb Grenzen wichtig sind: »Weil es hier um deine Gesundheit geht!« – »Weil sie für deine Sicherheit wichtig sind!« – »Weil sie das Zusammenleben erleichtern!«
> Unterhalten Sie sich mit Ihrem Kind über den Sinn von Regeln. Beim Einkaufen: »Bezahlen muss sein. Was geschähe, wenn jeder einpacken würde, was er wollte?« Im Straßenverkehr: »Rote Ampel heißt Stopp. Stell dir vor, jeder würde sich auf der Straße nach Lust und Laune bewegen?«

Werden Kinder frühzeitig zum Mitdenken angeregt, fühlen sie sich für voll genommen. Sie nehmen Regeln ernst.

### Was tun, wenn Gebote und Verbote infrage gestellt werden?

Wenn Ihr Kind die getroffenen Verabredungen missachtet, sollten Sie klar und deutlich Position mit einem »So nicht!«

beziehen. Bleibt das ohne Wirkung, mangelt es ihm an Einsicht, kommen Sie nicht darum herum, Konsequenzen zu ziehen. Weisen Sie Ihr Kind möglichst ruhig darauf hin, dass sein Verhalten Folgen haben wird. Zwei Beispiele:

> Erst die Hausarbeiten, danach der versprochene Ausflug in den Zoo – so war die Verabredung. Werden die Hausaufgaben nicht in Angriff genommen, fällt der Zoobesuch aller Bitten zum Trotz ins Wasser.

> Wer am Essen herummäkelt, weder Kartoffeln noch Gemüse isst, bekommt keinen Nachtisch – so ist die Regel. Und diese Regel bleibt auch dann gültig, wenn große Kinderaugen traurig gucken und herzerweichend bitten: »Ich will Nachtisch!«

Behandeln Sie Ihr Kind auch dann mit Respekt, wenn es sich nicht an Verabredungen hält, die Sie vorher gemeinsam getroffen haben. Bleiben Sie sachlich. Verzichten Sie darauf, wütend Dampf abzulassen, damit verunsichern oder provozieren Sie nur.

### Achten Sie auf eine eindeutige Körpersprache

Das beste Mittel, um elterlichen Überzeugungen Nachdruck zu verleihen: Ihre natürliche Autorität, Ihre feste Stimme, Ihr klarer

**GU-ERFOLGSTIPP**   LOCKER BLEIBEN IM ERZIEHUNGSALLTAG

Erziehungstipps gibt's in Hülle und Fülle – fast erschlagen von der Informationsflut zum Thema Kindererziehung legen viele Eltern zu hohe Maßstäbe an, stellen sich selbst höchst kritisch auf den Prüfstand, entwickeln Schuldgefühle, wenn sie dem Bild einer perfekten Mutter oder eines engagierten Vaters nicht hundertprozentig entsprechen. Diese Verunsicherung kostet Nerven und verursacht Stress. Besser: Überhöhte Ansprüche und Selbstvorwürfe einmotten. Sich selbst verzeihen und Mängel, die im Alltag sichtbar werden, nicht auf die Goldwaage legen. Perfektionismus muss nicht sein, setzt alle Beteiligten unnötig unter Druck. Für Kinder ist es übrigens auch reichlich stressig, einem vollkommenen Vorbild nacheifern zu wollen. Wie entspannend dagegen, wenn Mutter und Vater auch ihre Fehler haben, diese Fehler sogar eingestehen und damit ein realistischeres Vorbild abgeben, dem man schon eher entsprechen kann.

Die Grundlagen einer guten Erziehung 23

## DIE ERZIEHUNG ANDEREN ÜBERLASSEN?

Nicht wenige Kinder fallen heute durch ein übertriebenes Selbstbewusstsein auf. Warum trumpfen sie so mächtig auf? Warum halten sie sich nicht an Verabredungen und Regeln? Auf der Suche nach Gründen ist zum Beispiel die Rede
> von mangelnder elterlicher Zuneigung,
> von der Unlust, auf die Individualität eines Kindes einzugehen,
> von Nachgiebigkeit der Eltern und Verwöhnung.

Andere Eltern bekommen das Gegenteil zu hören. Ihnen wird gesagt, sie seien zu autoritär, böten ihren Kindern keinen ausreichenden Spielraum, grenzten sie zu strikt ein. Weil sie sich in die Ecke gedrängt fühlen, delegieren Mütter und Väter die Erziehung heute gerne an Erzieher und Lehrer. Das ist jedoch keine Lösung, denn Sie als Eltern tragen die Verantwortung für Ihr Kind. Zögern Sie deshalb nicht, sich frühzeitig bei einer Beratungsstelle in Ihrer Nähe anzumelden, wenn Sie bei gravierenden Erziehungsproblemen Rat brauchen.

---

Blick – eine eindeutige Körpersprache, die von Kopf bis Fuß signalisiert: »Ich meine, was ich sage!«
> Lassen Sie keinen Zweifel an Ihrer Haltung aufkommen – eine Sache von Selbstsicherheit.
> Bewahren Sie die Ruhe, und blicken Sie Ihrem Kind offen in die Augen, wenn Sie mit ihm sprechen.

### Lassen Sie Diskussionen zu

Bei aller Eindeutigkeit: Diskussionen müssen trotzdem sein.
> Setzen Sie sich mit Ihrem Kind altersgemäß über den Sinn und Zweck vereinbarter Ver- und Gebote auseinander. Die Dispute sollten allerdings nicht in nervtötendes Endlosgeplänkel ausarten.
> Üben Sie gemeinsam mit Ihrem Kind möglichst sachliche, kurze Streitgespräche.

Natürlich müssen Sie immer mal mit Widerstand rechnen: Das gehört dazu. Jedes Kind will ausprobieren, wie weit es gehen kann. Es will seine Grenzen ausloten. Gerade die besonders selbstbewussten Gemüter stellen Regeln nicht nur in Frage, sondern hebeln sie gerne aus: Muskelspiele auf dem Weg zur Selbstständigkeit und Selbstfindung.

# Die vier Kinder-Typen

**Was ist Ihrem Kind wichtig?** Welche Motive treiben es in seiner Entwicklung an? Um diese Motive zu erkennen und zu verstehen, müssen Sie sich Gedanken über den Typus Ihres Kindes machen und mehr über Kindertypologien wissen. Die Bezeichnung Typus ist eine Abstraktion, die den Lebensstil und die Motive eines Kindes zugespitzt und damit deutlich beschreibt und Ihnen auf diese Weise bei der Förderung und Erziehung Ihres Kindes hilft. Lassen Sie sich vom Typus Ihres Kindes leiten, so gewinnen Sie

> einen Maßstab, an dem Sie sich orientieren können,
> ein Beobachtungsraster, das dazu beiträgt, das kindliche Verhalten, Denken und Fühlen einzuordnen und zu deuten.

## Wir-Experten und Ich-Experten: zwei Orientierungsmarken

Mit Typus ist keinesfalls eine Schablone gemeint, die man einem Kind überstülpen kann. Denn kein Kind passt in eine Schablone. Jedes geht sein Leben auf seine ihm eigene, ganz spezielle Art an, hat seine besonderen Vorlieben und ausgeprägten Abneigungen. Bei aller Individualität eines Kindes gibt es aber dennoch etliche Übereinstimmungen mit anderen Kindern. Viele Kinder ähneln sich einfach im Typ, gestalten ihr Leben nach ähnlichem Muster, mit ähnlichen Motiven. Die stärksten Entwicklungsmotive sind einerseits das Bedürfnis nach Zugehörigkeit und andererseits der Wunsch nach Unabhängigkeit. In diesem Buch sprechen wir von Wir-Experten und Ich-Experten.

### Wir-Experten

Ein Wir-Experte ist auf Kontakt aus, will unter die Leute kommen, seine Kontaktfähigkeit trainieren und ausprobieren. Jeder kennt typische Wir-Experten und die Merkmale, die diese Kinder zeigen:
> Der dreijährige Enkel setzt bei Großmutters Geburtstagsfeier alles daran, schnurstracks auf Omas Schoß zu gelangen. Endlich erobert er den ersehnten Platz und ist hochzufrieden mitten im Getümmel.
> Die Jüngste in der Runde langweilt sich, weil keiner Notiz von ihr nimmt. Das darf nicht sein. Die Vierjährige pflückt Gänseblumen auf der Wiese und bringt sie ihrer Mutter. Alle sagen: »Wie nett!« Ziel erreicht. Endlich im Zenit der Aufmerksamkeit – genau das, was das Kind wollte.

### ZUR ENTSTEHUNG DER KINDER-TYPEN

Während ihrer Tätigkeit als Schulpsychologin und Kindertherapeutin erklärte Dr. Christine Kaniak-Urban Eltern das besondere Verhalten der Kinder mithilfe von Bildern. Aus diesen Bildern entstanden die vier Kinder-Typen, die in diesem Buch beschrieben werden. Die theoretischen Grundlagen für die zunächst rein subjektive Kindertypologie lieferten die amerikanischen Autoren D. Keirsey und M. Bates (siehe Seite 28). Außerdem wurde die Kindertypologie durch entwicklungspsychologische Kenntnisse von Kaniak-Urban gestützt und mithilfe zahlreicher Fälle aus ihrer Beratungspraxis überprüft.

Wie typische Wir-Experten leben, wie sie zu erkennen sind und was sie brauchen, dazu mehr ab Seite 37.

### Ich-Experten

Ein Ich-Experte ist auf Autonomie aus, will möglichst früh möglichst viel Eigenständigkeit erreichen. Jeder kennt typische Ich-Experten und die Merkmale, die sie zeigen:

> Der Siebenjährige ist unterwegs in die Innenstadt. Lästig, dass er nicht allein losziehen darf, sondern in Begleitung seiner älteren Schwester unterwegs sein muss. Als sich ihm eine passende Gelegenheit bietet, macht er sich davon. Endlich am Ziel: Er kann die Welt allein erkunden.

> Die Sechsjährige sondert sich von der Familie ab. Ganz allein, mit sich und der Welt zufrieden, wandert sie durch den Garten, hebt hier einen Stein hoch, klaubt da Blätter vom Boden auf, die sie miteinander vergleicht. Durch das Lachen und Reden der übrigen Familienmitglieder, die in ihrem Rücken auf der Terrasse sitzen, lässt sie sich nicht ablenken, sondern geht ihrer eigenen Wege. Genau das, was sie will.

Wie typische Ich-Experten leben, wie sie zu erkennen sind und was sie brauchen, dazu mehr ab Seite 81.

---

**GU-ERFOLGSTIPP**

### DREHEN SIE DIE SICHTWEISE UM!

Suchen Sie nicht nach dem perfekten Kind, und erwarten Sie nicht, dass es ganz bestimmte Verhaltensweisen zeigt, die Sie als Eltern sich wünschen. Sondern fragen Sie einmal umgekehrt, welche Kompetenzen es mitbringt und in welcher Weise diese Ihren Alltag bereichern und wie seine ganze Familie davon profitiert. Wie sollte die Familie aussehen, in der Ihr Kind gute, ihm gemäße Lebensbedingungen vorfindet?

---

### Weitere Unterscheidungen

Innerhalb der beiden Orientierungsrahmen »Wir-Experte« und »Ich-Experte« werden im Folgenden jeweils zwei weitere Kinder-Typen unterschieden:

> Das Sensibel-Kind: ein Wir-Experte.
> Das Pflicht-Kind: ein Wir-Experte.
> Das Abenteuer-Kind: ein Ich-Experte.
> Das Schlaukopf-Kind: ein Ich-Experte.

Diese vier verschiedenen Kinder-Typen werden in unserem Buch beschrieben. Jeder Typ bringt andere Fähigkeiten und besondere Eigenschaften mit, die ihm helfen, sein Leben zu bewältigen.

# Welcher Typ ist mein Kind?

**Die folgenden Fragen und Anregungen helfen weiter, wenn Sie – ganz unvoreingenommen – einen ersten Eindruck vom Typus Ihres Kindes gewinnen möchten.**

**Die Familie befragen.**
Wo liegen die Vorlieben und Abneigungen verschiedener Familienmitglieder? Stellen Sie dieselben Fragen an Mutter und Vater sowie die Geschwister Ihres Kindes. Suchen Sie in Ihrer Familie nach Menschen, die ein ähnliches Profil haben wie Ihr Kind. Gibt es Verwandte, die dem Kind ähneln? In Ihrer Familie können Sie interessante Parallelen finden.

**Auf Abstand gehen.**
Schauen Sie sich auf dem Spielplatz, im Kindergarten, im Sportverein oder in der Schule aus einigem Abstand an, wie sich Ihr Kind in der Gruppe verhält. Welcher Lebensstil zeigt sich im Verhalten Ihres Kindes? Worin ähnelt es anderen Kindern, worin unterscheidet es sich?

**Umhören.**
Außenstehende sehen oft mehr und nehmen Strukturen wahr, die die Betroffenen selbst übersehen. Fragen Sie nach. Wie erleben andere die verschiedenen Typen in Ihrer Familie? Stimmt das, was Sie von außen erfahren, mit Ihrer eigenen Meinung überein?

**Bilder sprechen lassen.**
Auch Familienfotos und Filmaufnahmen der Kinder können aufschlussreich sein. Welche Gedanken gehen Ihnen zum Thema Kinder-Typen durch den Kopf, wenn Sie Fotos von Ihrem Kind anschauen? Finden Sie Übereinstimmungen mit Fotos von sich selbst aus Ihrer eigenen Kindheit?

**Die Fantasie spielen lassen.**
Auch beim Malen, Zeichnen und Basteln mit Ihrem Kind erfahren Sie einiges über sein Innenleben. Wer gestaltet seinen Lieblings- und Traumtypen aus Knetmaterial oder malt, zeichnet ihn? Eher Batman oder eher Seebär? Eher Pippi Langstrumpf oder eher Schneewittchen? Wo leben sie? Was mögen sie nicht? Haben die Typen Ähnlichkeit mit Ihrem Kind?

**Rollenspiele inszenieren.**
Wenn Sie Ihr Kind beim gemeinsamen Spielen beobachten, entdecken Sie neue Seiten an ihm. Spielen Sie mit Handpuppen Theater. Lassen Sie ein Abenteuer-Kind auftreten, ein Schlaukopf-Kind, ein Sensibel-Kind und ein Pflicht-Kind. Was fangen die vier miteinander an? Animieren Sie Ihr Kind mitzuspielen. Vorzuspielen. Sich neue Dramen auszudenken. Weitere Rollenspiele zu erfinden mit und ohne Puppen. Welche Typen machen dann mit?

## Typenlehren früher und heute

Das menschliche Handeln systematisieren – dieser Versuch ist nicht neu. Schon immer versuchten Philosophen, Mediziner und Psychologen menschliches Handeln zu systematisieren und in Kategorien einzuteilen. Mithilfe von Ordnungssystemen wollten sie menschlichem Verhalten auf die Spur kommen.

### Vier Elemente – vier Temperamente

In der Antike bezog man sich auf die vier Elemente Luft, Erde, Feuer und Wasser, aus denen, so die Lehre des berühmten Arztes Hippokrates, der Körper bestehe. Im 2. Jahrhundert n. Chr. stellte der griechische Arzt Galen einen Zusammenhang her zwischen den Körpersäften eines Menschen und seinem Charakter. Es wurden vier verschiedene Temperamente bestimmt: Sanguiniker, Phlegmatiker, Choleriker und Melancholiker.

### Im 20. Jahrhundert: C. G. Jung

Der Psychoanalytiker C. G. Jung (1875–1961) entwickelte zu Beginn des 20. Jahrhunderts ein Modell der menschlichen Persönlichkeit und sprach von einem angeborenen Temperament bei Kindern. Er benutzte bei der Beschreibung unterschiedlicher Denk- und Verhaltensweisen die Begriffe Extraversion und Introversion. Extravertierte gewinnen ihre Energie, indem sie sich mit der Außenwelt auseinandersetzen, Introvertierte, indem sie sich mit ihrer Innenwelt beschäftigen.

**EXTRAVERTIERT = SCHNELL, INTROVERTIERT = LANGSAM?**
Jung meint, extravertierte Kinder seien fixer in ihrer Entwicklung, früher selbstständig und begabter. Introvertierte Kinder seien eher Spätzünder, im Ganzen weniger gewandt.

In den vergangenen Jahren haben sich vor allem amerikanische Wissenschaftler wieder intensiver der Erforschung des Temperaments gewidmet: vor allem Isabel Briggs-Meyers, David Keirsey und Marylin Bates. Um eine ganzheitliche Vorstellung vom Typus eines Menschen – eines Erwachsenen ebenso wie eines Kindes – zu gewinnen, beziehen sie sich auf Figuren aus der griechischen Mythologie, denen sie Motive zuschreiben, die ihr Verhalten bestimmen. Dionysos: Sinnlichkeit, Naturnähe. Apollo: Vorstellung, Selbsterkenntnis. Prometheus: Wissenschaftliche Erkenntnis. Epimetheus: Pflichterfüllung. Vor diesem Hintergrund sind die vier in diesem Buch beschriebenen Kinder-Typen entstanden.

## WENN EIN KIND RÄTSEL AUFGIBT

Einige Eltern wissen einfach nicht, welche Fördermaßnahmen und Erziehungsmittel für ihr Kind geeignet sein könnten. Der Grund: Ihr Kind bleibt ihnen irgendwie fremd:
> »Ich verstehe das nicht. Unsere Tochter tickt völlig anders als wir Eltern!«
> »Ich finde nur schwer Zugang zu meinem Sohn!«

Hat ein Kind andere Vorstellungen vom Leben, legt es andere Maßstäbe als seine Familie an und zeigt es vor allem andere Verhaltensweisen, dann reagiert der Rest der Familie oft verblüfft oder sogar ratlos.

> Wieso dauernd auf Achse? Gemütlich zu Hause sitzen wie der Rest der Familie ist nichts für die vierjährige Tochter, die am liebsten immer unterwegs ist, Ausflüge macht, klettert, rennt, hüpft. Bücher anschauen oder während einer Mahlzeit am Tisch sitzen bleiben? Nein danke! Die übrigen Familienmitglieder tun sich schwer damit, die Bedürfnisse der Vierjährigen nachzuvollziehen: »Sie ist so anders als wir!«
> Woher diese Technikbegeisterung? Gebrauchsanleitungen und technische Geräte sind allen Familienmitgliedern ein Graus. Einer tanzt allerdings aus der Reihe: Der achtjährige Sohn ist ein Technikfreak, konstruiert am liebsten Kräne und Baumaschinen. Woher hat er das bloß? Keine Ahnung.

Das Unverständnis für die Andersartigkeit eines Kindes verstärkt sich noch, wenn dieser Außenseiter sich nicht anpassen will. Weil sie mit ihm nicht klarkommen, sein Verhalten nicht wirklich deuten und einordnen können, sind manche Mütter und Väter mit ihrem Latein bald am Ende: »Wir wissen nicht weiter!«

Die Folge: Neben dem Unverständnis machen sich Hilf- und Ratlosigkeit breit. Das Kind wird zum Rätsel mit sieben Siegeln. Wer sich mit der Typologie von Kindern beschäftigt, kann dieses Rätsel eher lösen.

# Test 1: »Wir-Experte« oder »Ich-Experte«?

Der folgende Test erhebt keinen Anspruch auf wissenschaftliche Vollständigkeit, kann Ihnen aber für die Typbestimmung wertvolle Hinweise zu Ihrem Kind geben. Beantworten Sie die folgenden Fragen, und zählen Sie jeweils die Punkte zusammen. Wenn Sie den Test für mehrere Kinder machen möchten, sollten Sie die Seiten kopieren. Selbstverständlich können Sie auch Buntstifte nehmen und für jedes Kind eine andere Farbe benutzen.

## 1. Selbstständigkeit                                                        Summe: ____

Landschaften aus Klötzen, Burgen aus Sand bauen – gleich womit es beschäftigt ist, mein Kind macht gern sein eigenes Ding. Mitspieler? Braucht es nicht unbedingt.    (0) (1) (2) (3)

Mickymaushefte oder Münzen sortieren – bei Lieblingsbeschäftigungen lässt sich mein Kind ungern stören.    (0) (1) (2) (3)

Freunde? Schön und gut. Aber leider wollen Freunde mitbestimmen, und genau das passt meinem Kind nicht, weil es selbst das Sagen haben will.    (0) (1) (2) (3)

»Ich ziehe an, was mir gefällt!« Oder: »Ich mache meine Hausaufgaben, wann es mir passt!« Mein Kind hat seinen eigenen Kopf.    (0) (1) (2) (3)

## 2. Geselligkeit                                                            Summe: ____

Alle sitzen zusammen, essen, reden, lachen – mein Kind liebt Feiern jeder Art, besonders Feste mit der Verwandtschaft, denn es ist ein Familienfan.    (0) (1) (2) (3)

Wie schön, wenn es liebevoll angelächelt, freundlich angesprochen wird – mein Kind freut sich über angenehme Umgangsformen und -töne.    (0) (1) (2) (3)

Im Schwimmbad, beim Rodeln – wo auch immer, Hauptsache mein Kind lernt neue Leute kennen, das ist ihm wichtig.    (0) (1) (2) (3)

Einen Nachmittag allein im Kinderzimmer oder ein Wochenende ohne Freunde verbringen? Das ist nichts für mein Kind.    (0) (1) (2) (3)

## 3. Erlebnishunger                                                          Summe: ____

Tag für Tag derselbe Trott? Nichts für mein Kind, das ein vielfältiges Leben führen will. Aufregend soll es sein!    (0) (1) (2) (3)

In die Bibliothek gehen, in Büchern und Zeitschriften schmökern. CDs hören – alles ist interessant für mein Kind, das ständig nach neuer geistiger Nahrung sucht.    (0) (1) (2) (3)

0 = trifft gar nicht oder fast nicht zu, 1 = trifft manchmal zu, 2 = trifft häufig zu, 3 = trifft immer oder fast immer zu

Der sanfte Wind fühlt sich gut an auf der Haut, die Sonne verändert das Licht – jedes
Erlebnis nimmt mein Kind neugierig mit allen Sinnen wahr. Es kennt keine Langeweile. ⓪ ① ② ③

Erst auf einen Baum klettern, dann dem Hund Kunststücke beibringen – was auch
immer geplant ist, mein Kind hat immer neue Ideen im Kopf. ⓪ ① ② ③

## 4. Engagement                                              Summe: ____

Zehn Leute zusammentrommeln und dann losziehen? Bei Gemeinschaftsaktionen zeigt
mein Kind ungewöhnlich große Einsatzfreude: Das muss sich doch machen lassen! ⓪ ① ② ③

Der Tisch sollte abgewischt, das Diktat mit dem Bruder geübt werden – wird Hilfe
gebraucht, dann springt mein Kind ein, auch um des Lobes willen. ⓪ ① ② ③

Regelmäßig anrufen oder eine SMS senden, Geburtstagskarten schreiben – mein Kind
denkt sich gerne Verwöhnaktionen aus, auch um die Familie zusammenzuhalten. ⓪ ① ② ③

Die Tante bezirzen. Mit dem Opa schäkern – mein Kind umgarnt seine Mitmenschen
gekonnt und mit Freuden. ⓪ ① ② ③

## Auswertung

Zählen Sie die Punkte der Abschnitte 1 und 3 zusammen, anschließend die Punkte
der Abschnitte 2 und 4.

Summe von 1 und 3: _____     Summe von 2 und 4: _____

|       | **Viele Anteile** | **Wenig Anteile** | **Sehr wenig Anteile** |
|-------|-------------------|-------------------|------------------------|
| 1 + 3 | ab 17 Punkte      | 9 bis 16 Punkte   | 0 bis 8 Punkte         |
| 2 + 4 | ab 17 Punkte      | 9 bis 16 Punkte   | 0 bis 8 Punkte         |

Hat Ihr Kind bei den Abschnitten 2 und 4 viele Anteile, also mindestens 17 Punkte erzielt, so ist Ihr Kind
ein Wir-Experte. Machen Sie in diesem Fall weiter mit Test 2 auf Seite 32. Beträgt die Summe aus den
Abschnitten 1 und 3 mindestens 17 oder mehr Punkte, so zählt Ihr Kind zu den Ich-Experten. Nun ist für
Sie Test 3 auf Seite 34 dran.

Was tun, wenn sich die Punktzahlen beider Fragengruppen in etwa die Waage halten? Dann ist Ihr Kind
ein Mischtyp. Machen Sie bitte die beiden folgenden Tests, um herauszufinden, von welchem Kinder-
Typ Ihr Kind die meisten Merkmale und Eigenschaften aufweist.

# Test 2: Die Wir-Experten

## 1. Kontaktfreude                    Summe: ____

Mit der Freundin beim Einkaufen, mit dem Opa auf Verwandtenbesuch, wenn sich mein Kind wohl fühlt, dann begegnet es anderen interessiert und offen, aber achtsam.    ⓪ ① ② ③

»Kennst du den Hund vom Nachbarn?« – »Hast du auch Ferien?« – Ist ihm ein Gesprächspartner sympathisch, fallen meinem Kind immer neue Fragen ein.    ⓪ ① ② ③

Kein Bekannter auf der Geburtstagsfeier. Ganz neu in der Klasse – wo auch immer mein Kind auf Fremde trifft, geht es vorsichtig, aber neugierig auf sie zu und spricht sie an.    ⓪ ① ② ③

Streit um Mütze und Handschuhe? Streit um das Mittagessen, das nicht schmeckt? Mein harmoniebedürftiges Kind würde Streit gerne vermeiden.    ⓪ ① ② ③

## 2. Hilfsbereitschaft                    Summe: ____

Dem Bruder noch fix eine Socke überstreifen, dem Vater seine Tasche hinterhertragen – mein Kind ist hilfsbereit, ein ruhender Pol, wenn morgens alle in Eile sind.    ⓪ ① ② ③

Schuhe putzen, Wäsche sortieren – auch ungeliebte Arbeiten erledigt mein Kind ohne Extraaufforderung. Allerdings erwartet es hinterher ein dickes Lob.    ⓪ ① ② ③

Einkäufe in die Wohnung schleppen und einräumen – was es auch tut, mein Kind beweist gerne, dass es eine praktische Ader hat und keine zwei linken Hände.    ⓪ ① ② ③

»Wer räumt nach dem Faschingsfest auf?« Oder: »Wer schmiert die Käsebrötchen fürs Schulfest?« Drücken sich andere um lästige Arbeiten, meldet sich mein Kind freiwillig.    ⓪ ① ② ③

## 3. Einfühlsamkeit                    Summe: ____

Der Opa bekommt seine Zeitung, die Oma darf die schon oft gehörte Geschichte noch einmal erzählen ... Mein Kind kann sich gut auf andere einstellen und gilt deshalb als umgänglich.    ⓪ ① ② ③

Der Pudding ist angebrannt, das Rad vom selbst gebastelten Karren abgebrochen – sind andere genervt, weil etwas schiefgegangen ist, tröstet mein Kind sie.    ⓪ ① ② ③

Gestern der Film im Fernsehen, heute das neue Baby der Nachbarn – mein Kind findet immer neuen Gesprächsstoff. Es redet gerne mit anderen und stellt sich sehr feinfühlig auf sie ein.    ⓪ ① ② ③

Der Räuber stieg übers Dach ein? – Wenn es Geschichten hört oder Filme ansieht, schwingt mein Kind mit jeder Faser seines Wesens mit.    ⓪ ① ② ③

0 = trifft gar nicht oder fast nicht zu, 1 = trifft manchmal zu, 2 = trifft häufig zu, 3 = trifft immer oder fast immer zu

### III Die vier Kinder-Typen 33

## 4. Verantwortungsbewusstsein
Summe: ____

Wer übernimmt die Klassenkasse? Wer sorgt für den Igel im Garten? Wird jemand gesucht, der Verantwortung übernimmt, ruhen alle Blicke erwartungsvoll auf meinem Kind. ⓪ ① ② ③

Mit dem, der sein Schulbrot vergessen hat, wird die eigene Brotzeit geteilt. Und mit dem, der allein ist, wird ein Ausflug verabredet. Mein Kind fühlt sich schnell für das Wohlergehen aller verantwortlich. ⓪ ① ② ③

Es kümmert sich um den Hund. Es ruft die Oma an – wo Verantwortung gefragt ist, steht mein Kind zur Verfügung, erwartet allerdings, dass sein Einsatz gewürdigt wird. ⓪ ① ② ③

Überall brennt Licht! Die Heizung bullert auf Hochtouren. In der Küche ein Chaos – in vergleichbaren Fällen übernimmt mein Kind die Verantwortung und sorgt für alles genau so wie von ihm verlangt. ⓪ ① ② ③

### Auswertung

Zählen Sie die Punkte der Abschnitte 1 und 3 zusammen, anschließend die Punkte der Abschnitte 2 und 4.

Summe von 1 und 3: _____     Summe von 2 und 4: _____

|  | Viele Anteile | Wenig Anteile | Sehr wenig Anteile |
|---|---|---|---|
| 1 + 3 | ab 17 Punkte | 9 bis 16 Punkte | 0 bis 8 Punkte |
| 2 + 4 | ab 17 Punkte | 9 bis 16 Punkte | 0 bis 8 Punkte |

Hat Ihr Kind bei den Abschnitten 1 und 3 viele Anteile, also mindestens 17 Punkte erzielt, so ist Ihr Kind ganz klar ein Sensibel-Kind. Hat es in den Abschnitten 2 und 4 die Summe von 17 oder mehr Punkten erreicht, so ist Ihr Kind ein Pflicht-Kind.

Was aber, wenn sich Ihr Kind nicht so eindeutig einem Typus zuordnen lässt? Machen Sie sich bitte deshalb keine Sorgen, viele Kinder lassen sich nicht ganz eindeutig einem bestimmten Typ zuordnen, sondern vereinen die Merkmale verschiedener Typen auf sich, sind also Mischtypen. Machen Sie in diesem Fall weiter mit dem folgenden Test, und lesen Sie bitte alle für Ihr Kind in Frage kommenden Kapitel des Buches.

# Test 3: Die Ich-Experten

## 1. Bewegungsfreude
Summe: ____

Zaubern will es lernen oder Jonglieren. Stattdessen ist Schule angesagt und tun, was der Lehrer sagt. Mein Kind hält nichts davon. Spannung und Action wären ihm lieber. ⓪ ① ② ③

»Wer ist zuerst oben auf dem Hügel?« Oder: »Wer fängt mich?« Egal ob auf dem Spiel- oder Sportplatz, mein Kind ist ständig in Bewegung. ⓪ ① ② ③

Faustball, Volleyball, Schneeballschlacht – sind Spiel und Sport spannend, ist mein Kind mit Feuereifer dabei. Sonst steigt es aus. ⓪ ① ② ③

Gleich ob beim Sackhüpfen, Eierlauf, Weitsprung oder Hochsprung – mein Kind will seine Kräfte mit anderen messen. ⓪ ① ② ③

## 2. Ausdauer
Summe: ____

Sagenhaft, was die alten Wikinger auf die Beine gestellt haben. Und wer waren die Hunnen? Mein Kind kann sich stundenlang in immer neue Themen vertiefen. ⓪ ① ② ③

»Wieso sind Dampfmaschinen aus der Mode gekommen?« Oder: »Warum sterben die Störche bei uns aus?« Hartnäckig bleibt mein Kind auf der Spur, wenn es nach Antworten auf seine Fragen sucht. Es hakt nach. Sucht auf eigene Faust im Internet und im Lexikon. ⓪ ① ② ③

»Heute haben wir im Biounterricht experimentiert!« Oder: »In Musik haben wir komponiert!« Wird es im Unterricht gefordert und gefördert, geht mein Kind gern zur Schule. ⓪ ① ② ③

»Ich weiß genau, dass wir vor zwei Jahren am Meer waren und nicht vor drei!« Mein Kind hält Behauptungen gerne aufrecht, selbst wenn es ahnt, dass es im Irrtum ist. ⓪ ① ② ③

## 3. Sammelleidenschaft
Summe: ____

Durch eine Lupe Käfer anschauen? Durchs Fernglas Rehe beobachten? Mein Kind probiert gerne Instrumente und Apparate aus. ⓪ ① ② ③

Wurzeln, Blätter, Tannenzapfen – was ist im Wald zu finden? Und was auf der Straße? Vielleicht Münzen oder Reklameblättchen. Was anderen wertlos erscheint, reizt mein Kind zum Mitnehmen. ⓪ ① ② ③

Briefumschläge, Flyer, Pingpongbälle, Stifte – lauter wertvolle Sammelstücke aus Sicht meines Kindes. Alles brauchbar, alles interessant, bestimmt nicht überflüssig. ⓪ ① ② ③

0 = trifft gar nicht oder fast nicht zu, 1 = trifft manchmal zu, 2 = trifft häufig zu, 3 = trifft immer oder fast immer zu

### Die vier Kinder-Typen    35

Von Ordnung keine Spur. Überall Chaos. Sammlerstücke auf dem Schreibtisch. Auf dem Bett. Genau das Durcheinander, das mein Kind liebt und das seine Kreativität anregt.    ⓪ ① ② ③

## 4. Kompetenz                                                                 Summe: ____

Wie heißt der Sohn vom Bruder des Großvaters und wer sind die Schwägerinnen des Schwagers? Mein Kind hat Spaß an Denksport-Aufgaben, macht gerne Rätsel oder Sudokus.    ⓪ ① ② ③

Wer hat die Extraaufgabe in Mathe außer mir noch gelöst? Mein Kind will immer unter den Besten sein und ist am Boden zerstört, wenn das misslingt.    ⓪ ① ② ③

Wie lerne ich die Vokabeln am besten – mithilfe von Karteikarten? Oder kann ich den Computer einsetzen? Mein Kind tüftelt gerne neue Methoden aus.    ⓪ ① ② ③

Erst die Geschichte von Odysseus, dann die Geschichte vom Seeräuber Störtebeker – mein Kind liest für sein Leben gerne: je mehr, desto besser.    ⓪ ① ② ③

## Auswertung

Zählen Sie die Punkte der Abschnitte 1 und 3 zusammen, anschließend die Punkte der Abschnitte 2 und 4.

Summe von 1 und 3: _____        Summe von 2 und 4: _____

|         | Viele Anteile | Wenig Anteile | Sehr wenig Anteile |
|---------|---------------|---------------|---------------------|
| 1 + 3   | ab 17 Punkte  | 9 bis 16 Punkte | 0 bis 8 Punkte |
| 2 + 4   | ab 17 Punkte  | 9 bis 16 Punkte | 0 bis 8 Punkte |

Hat Ihr Kind bei den Abschnitten 1 und 3 viele Anteile, also mindestens 17 Punkte erzielt, so ist Ihr Kind ganz klar ein Abenteuer-Kind. Hat es in den Abschnitten 2 und 4 die Summe von 17 oder mehr Punkten erreicht, so ist Ihr Kind ein Schlaukopf-Kind.

Was aber, wenn sich Ihr Kind nicht so eindeutig einem Typus zuordnen lässt? Machen Sie sich bitte deshalb keine Sorgen, die Mehrzahl der Kinder lässt sich nicht klar einem bestimmten Kinder-Typ zuordnen, sondern vereint die Merkmale verschiedener Typen auf sich. Wenn Ihr Kind solch ein Mischtyp ist, machen Sie bitte auch den Test 2 von Seite 32 und lesen alle für Ihr Kind in Frage kommenden Kapitel des Buches.

# DAS SENSIBEL-KIND: KONTAKT-FREUDIG UND MITFÜHLEND

Dem Sensibel-Kind sind gute Beziehungen und intensive Kontakte zu seinen Mitmenschen wichtig. Sein inneres Motiv: ein harmonisches Zusammenleben.

Typisch Sensibel-Kind: Merkmale und Eigenschaften . . 38
Was ein Sensibel-Kind braucht . . . . . . . . . . . . . . . . . . . 46

# Typisch Sensibel-Kind – Merkmale und Eigenschaften

Wir-Experten gelten als besonders engagiert und einfallsreich – so auch das Sensibel-Kind. Es will sich in Beziehungen einbringen und sie mithilfe von Fantasie und Kreativität gestalten, was ihm meist auch gelingt, da es über eine gute Intuition sowie über starke, differenzierte Gefühle verfügt. Genau diese Eigenschaften wirken sich positiv auf der Suche nach Kontakt aus.

Um das ersehnte Zugehörigkeitsgefühl zu erlangen und um damit sein Selbstgefühl zu stärken, investiert ein Sensibel-Kind eine Menge Energie und Mühe. Es knüpft Kontakte, stabilisiert sie, pflegt sie. Es nimmt Anteil an den Freuden und Nöten seiner Mitmenschen und zeigt in diesem Punkt eine große Zuverlässigkeit. Es ist da, wenn es gebraucht wird. In Stressmomenten und Krisensituationen verstärkt sich seine Sehnsucht nach intensiven Beziehungen übrigens noch. Im Folgenden ein Überblick über die typischen Merkmale eines Sensibelchens.

## Kontaktfreude

Wenn alles gut läuft, wenn Erzieher, Lehrer und Altersgenossen dafür sorgen, dass sich das Kind in der Gruppe – sei es im Kindergarten, in der Schule oder im Hort – sicher und gut aufgehoben fühlt, zeigt sich ein Sensibel-Kind unkompliziert. Es setzt sich dafür ein, dass in der Gruppe Harmonie herrscht, und erreicht das Ziel dank seiner Kommunikationsfähigkeit auch meist.

> **Überall dabei.** Die Sechsjährige flattert nachmittags im Hort von einem Kind zum anderen, immer darauf aus, dass sich alle Kinder vertragen und die Stimmung gut ist.

> **Liebevoll umsorgend.** Die große Schwester, schon acht Jahre alt, fühlt sich in den Ferien dafür zuständig, dass das Nesthäkchen der Familie die Eltern morgens ausschlafen lässt. Sie weiß, dass sie der Mama damit einen Gefallen tut.

Kontakt schließen, Kontakt pflegen und halten – wenn es diese selbst an sich gestellten Aufgaben bewältigt, ist ein Sensibel-Kind mit sich im Reinen. Weil es auf möglichst konfliktfreie Beziehungen aus ist, ordnet es sich dem Lebensstil seiner Vorbilder unter und passt sich an. Kein Wunder, dass es als ziemlich angenehmer Zeitgenosse gilt. Seine Devise: Hauptsache nicht anecken! Hauptsache, ich gehöre dazu!

## Schwärmerische Ader

Ein Sensibel-Kind gerät leicht und gerne ins Schwärmen und das nicht nur beim Erzählen:

> **Sie ist nett!** Als Erstklässlerin begeistert sich das Mädchen für seine Lehrerin. Es verehrt sie. Ihretwegen geht es gerne zur Schule und lernt mit besonderem Eifer.

**VERSTÄNDNIS, BITTE!**
Verletzt reagiert ein Sensibel-Kind auf mangelndes Verständnis, denn durch Unverständnis fühlt es sich ausgegrenzt, an den Rand gedrängt. Am Rand aber möchte es nicht stehen, denn es will keinesfalls »anders« sein als die anderen.

> **Der beeindruckende Vetter.** Der kleine Cousin schwärmt für seinen großen Vetter und ist mehr als beeindruckt, wenn er zu Besuch kommt. Dann umschmeichelt er ihn nach Strich und Faden und weicht nicht mehr von seiner Seite. Er vergöttert ihn richtig.

In der Schwärmerei, der Identifikation mit anderen, findet ein Sensibel-Kind die Reize und Anregungen, die ihm in der Realität versagt bleiben und die es braucht, um ein besseres Selbstgefühl zu entwickeln. Vor allem bewunderte Erwachsene werden gerne auf ein Podest gehoben und zu Helden erklärt, egal ob sie den hohen Ansprüchen des Schwärmenden wirklich entsprechen oder nicht. Bald erweitert sich der Kreis der Angebeteten. Auch schon vor der Pubertät werden Schauspieler, Sänger, Spitzensportler sowie historische Figuren Ziel intensiver Schwärmerei: bewunderte Objekte großer Sehnsucht.

## Sprachbegabung

Weil ein Seelchen ein starkes Verlangen nach Beziehung und Kommunikation hat, übt es seine Sprache frühzeitig und entwickelt seine Sprachfähigkeit weiter. Lesen, Schreiben, Erzählen – das ist sein Metier: viel interessanter als Rechnen und alles andere! Und da es ziemlich einfallsreich und fantasievoll ist, fallen ihm interessante, witzige, ansprechende Geschichten ein, die es richtig gut erzählt und mit Begeisterung zum Besten gibt:

> **Bitte zuhören!** Der Vierjährige will ausgiebig erzählen, wenn er aus dem Kindergarten nach Hause kommt. Wehe, wenn ihm keiner zuhören mag: Dann ist seine gute Laune dahin.

> **Das sind wir.** Die Siebenjährige mag Familienfotos anschauen. Ist ihre Cousine zu Besuch, schauen die beiden genussvoll Fotos an in dem Bewusstsein: Wir sind Teil dieser Familie. Dabei erzählen sie sich begeistert alte Familienanekdoten.

**IMMER IN KONTAKT**
Da ein Sensibel-Kind gerne Kontakt hält, bringt es sich mit Vorliebe per Telefon, SMS oder E-Mail in Erinnerung. Manchmal schreibt es auch Briefe, weil die besonders gut bei den Adressaten ankommen.

Schon frühzeitig weiß ein Sensibel-Kind, dass es mit Worten Eindruck machen kann, und es nutzt dieses Mittel, um sein Selbstgefühl zu stärken. Es redet gerne und spricht natürlich vor allem über sich selbst, denn aus seiner Sicht ist das eine wichtige Angelegenheit. Es lässt andere gerne an seinen Gefühlen teilhaben. Umgekehrt möchte es aber auch am Leben anderer teilhaben: Eltern und Freunde »dürfen« bitte auch erzählen.

## Große Kreativität

Ein Sensibel-Kind lebt nicht einfach vor sich hin, sondern gestaltet seinen Lebensstil. Einfallsreich und kreativ macht es sich daran, seinem Alltag Farbe zu verpassen, und spielt dabei mit seiner Fantasie. Wunderbar, wenn andere mitmachen und gemeinsam mit ihm Pläne verwirklichen!

> **Nichts los.** Bevor große Langeweile aufkommt, schnappt sich die Fünfjährige ihre allerbeste Freundin und beginnt das Schlaraffenland-Spiel: ein Spiel, bei dem Träume wahr werden. Jedes Mädchen malt mit bunten Stiften sein spezielles Schlaraffenland auf Papier. Später werden die Bilder erklärt und verglichen. Der gemeinsame Spaß verbindet die beiden Mädchen.

Gemeinsam mit anderen das Leben gestalten, Ideen ausbrüten – genau dieses Gemeinschaftserlebnis treibt einen Wir-Experten innerlich an, weil es seine innere Sicherheit aufbaut.

## Einfühlungsvermögen

Ein Sensibel-Kind sieht und hört nicht nur zu, sondern es lebt auch sehr intensiv mit:

> **Mit ganzem Herzen und allen Nerven dabei.** Wenn der Siebenjährige seinen Lieblingshelden im Fernsehen sieht, klebt er am Fernseher fest. Hält die Luft an, wenn es spannend wird. Atmet auf, wenn die Spannung nachlässt. Und ist fix und fertig, wenn Heldentaten schieflaufen.

Wenn Filme angeschaut oder Geschichten vorgelesen werden, ist ein Seelchen mit jeder Faser seines Wesens dabei. Bibbert ängstlich mit seinen Helden. Hofft mit ihnen. Verbrüdert sich mit ihnen. Und stiehlt sich davon, wenn die Spannung nicht mehr

**TIPP: Die Redekunst üben**
Ihr Kind kann seine »Redekunst« beim Rollenspiel üben, wenn es zum Beispiel Handpuppen oder Stofftiere miteinander reden lässt.

**TIPP: Balanceakt**
Ein Sensibel-Kind will unbedingt gesehen werden. Dass es von anderen wahrgenommen wird, ist ihm weit wichtiger, als sich selbst zu sehen. Gehen Sie auf dieses Bedürfnis ein, ohne es zu vertiefen.

auszuhalten ist. Beim Happy End atmet es dann beglückt auf. Egal ob es in der Wirklichkeit, im Buch oder im Film um Menschen geht, ein Sensibel-Kind lebt mit, sammelt Menschenkenntnis. Denn wenn es um Menschen geht, fühlt es sich innerlich zu Hause, und das löst gute Gefühle bei ihm aus.

## Hilfsbereitschaft

Ein Seelchen-Kind will helfen, wo Hilfe gebraucht wird. Am liebsten hilft es bei emotionalen Angelegenheiten als Mutmacher. Deshalb ist ein Sensibel-Kind ein beliebter Begleiter in Stressmomenten und Krisensituationen:

> **Verständnisvoller Helfer.** Ein Fünfjähriger hilft seiner Schwester, die ihre Geldbörse verloren hat, bei der Suche und bemüht sich, die Große zu beruhigen: »Taucht schon wieder auf!« Er bringt etliche Ideen ein, wo die beiden noch suchen könnten.

Ich habe engen Kontakt, ich tanke Nähe – für ein Sensibel-Kind heißt das: Ich spüre mich. Um dieses Ich-Gefühl zu erreichen, setzt es sich gerne für andere ein. Wird sein Einsatz gebührend gewürdigt, dann ist das Balsam für das unsichere Selbstgefühl eines Sensibelchens.

## Feine Antennen

Ein Sensibel-Kind ist immer auf dem Quivive. Es hört die Flöhe husten, bekommt alles mit, weiß auch ohne vorangegangene Erklärung ziemlich genau, was sich in seinem Umfeld tut. Es will mithilfe seiner Wahrnehmungsfähigkeit nicht nur sein eigenes Wohlbefinden steigern, sondern auch andere unterstützen. Deshalb geht es geduldig auf seine Mitmenschen ein, setzt sich mit ihren Erfahrungen und Erlebnissen auseinander:

> **Unglaublich geduldig.** Die große Schwester lässt sich von ihrer kleinen vom Kindergeburtstag erzählen und bleibt selbst dann noch bei der Sache, als die Erzählung ausufert.
> **Sehr mitfühlend.** Die kleine Madame rührt ihren zehn Jahre älteren Bruder, wenn sie sich intensiv nach seiner erkälteten Freundin erkundigt. Schon ungewöhnlich für eine Fünfjährige, denkt der Große.

## BESONDERE ANPASSUNGSFÄHIGKEIT

Weil ein Sensibel-Kind auf Harmonie, auf möglichst konfliktfreie Beziehungen aus ist, ordnet es sich dem Lebensstil seiner Vorbilder, die es sich schon früh sucht, unter und passt sich an: Wenn es viel von seinem Papa hält, tritt ein Sensibel-Kind gerne in seine Fußstapfen. Es findet das interessant, was Papa interessant findet. Oder es macht das, was Mami macht. Findet schön, was Mami schön findet. Und Mami ist entsprechend begeistert von ihrem Kind. Kein Wunder bei so viel Anpassungsfähigkeit, dass ein Sensibel-Kind als angenehmer Zeitgenosse gilt, mit dem man gerne seine Zeit verbringt.

Ein Sensibel-Kind setzt seine besondere Wahrnehmungsfähigkeit ein, um Harmonie herzustellen: Alle sollen sich wohl fühlen. In der Familie. Unter Freunden. Sein Ziel ist es, Zugehörigkeit zu erreichen und damit ein Gefühl innerer Sicherheit. Dieses innere Motiv treibt es an weiterzumachen.

## Fähigkeit zum Mitleid

Im Mutmachen und Mitfühlen geübt, ist ein Sensibelchen ein beliebter Begleiter in Stressmomenten und Krisensituationen. Wenn die Dinge nicht so laufen, wie sie laufen sollten, wenn sich jemand mies oder krank fühlt, ist das Sensibel-Kind für ihn da:

> **Rührend und voller Mitgefühl.** Eine Fünfjährige versorgt ihren erkälteten Bruder mit Saft und Taschentüchern, zeigt Mitleid, als er über Kopfweh klagt, und freut sich später mit ihm, als der lästige Schnupfen langsam nachlässt.
> **Ein zuverlässiger Tröster.** Der Siebenjährige steht parat, als der beste Freund ein schlechtes Zeugnis in die Hand gedrückt bekommt, und muntert ihn auf.

**BITTE MITFÜHLEN!**
Ein Sensibel-Kind leidet und zittert nicht nur mit, sondern erwartet von seinen Lieben, dass sie ebenso intensiv mit ihm mitfühlen. Es braucht die Gewissheit, dass seine Sorgen und Nöte erkannt werden.

Ist alles wieder gut, blüht das Sensibel-Kind auf: Nun ist seine Welt wieder in Ordnung – ein Grund, sich besser zu fühlen. Sein Selbstbewusstsein und seine Selbstsicherheit wachsen, und damit nimmt auch seine innere Sicherheit zu. Sein intensives Mitfühlen bedeutet jedoch nicht automatisch, dass es im Vergleich zu seinen Altersgenossen in seiner emotionalen Entwicklung einen Schritt voraus wäre. Auch wenn es besonders Anteil nimmt, kann ein Sensibel-Kind durchaus noch Schwierigkeiten damit haben, das Leben aus dem Blickwinkel seines Gegenübers zu betrachten und eine Situation richtig einzuschätzen.

## Großzügigkeit

Ein Sensibel-Kind macht sich bei seinen Lieben gerne mit Geschenken und Zuwendungen beliebt, mit wohl überlegten, ausgesuchten, sorgfältig verpackten. Oder mit selbst gepflückten Blumen. Oder mit selbst gemalten Bildern und Gebasteltem. Möglichst persönlich und möglichst originell sollen seine Zuwendungen sein und entsprechend gewürdigt werden:

> **Erwartungsvoll.** Die Enkelin hatte der Großmutter vor Tagen auf den Anrufbeantworter ein Lied gesungen und ihr ein schönes Wochenende gewünscht. Enttäuscht registriert sie, dass die Oma sich nicht gemeldet hat. Ein Sensibel-Kind lechzt nach einem »Das hast du gut gemacht« für seinen Einsatz, denn Zuspruch ist wie ein wohltuendes Streicheln, und danach hungert seine Seele. Jeder Zuspruch ist ein Plus an Selbstwertgefühl und damit an Selbstsicherheit.

## Sinn für Dramatik

Wenn ein Sensibel-Kind traurig ist, dann macht es mit viel Gefühl und vielen Tränen auf seinen Jammer aufmerksam – ein Appell an seine Lieben: Schaut bitte nach mir!

> **Ein Bild des Jammers.** Die Freundin ist in eine andere Stadt gezogen. Allein zurückgeblieben, trauert die Achtjährige um den Verlust. »Das ist ja wie Liebeskummer«, sagen ihre Geschwister. »Wann gewöhnt sie sich endlich an den Gedanken, dass ihre Freundin nicht mehr da ist?«

> **Die reine Verzweiflung.** Die älteren Geschwister haben die Sechsjährige nicht mit ins Kino genommen, und das löst zu Hause ein Drama aus, begleitet von lautem Toben, Schluchzen und Fußaufstampfen. »Sie liebt großes Theater«, sagt ihre Mutter, die solche Ausbrüche schon kennt.

Ein Sensibel-Kind übertreibt gerne – auch bei Kummer und Sorgen. Das passt zu seinem dramatischen Naturell. Das Windmachen wird von ihm manchmal gerne zur eigenen Aufwertung genutzt. Wenn es aus Kleinigkeiten ein größeres Drama macht, fühlt sich ein Sensibel-Kind ein bisschen großartiger, und damit bläht sich auch sein schwaches Selbstgefühl auf. Das zu wissen kann eine Hilfe im Erziehungsalltag sein.

---

### MAL SCHEU, MAL ZORNIG

Wenn sich Schwierigkeiten ankündigen oder Krisen zu bewältigen sind, reagiert ein sensibles Kind auf unterschiedliche Art und Weise, um Beziehungen aufrecht zu erhalten und Wertschätzung zu erfahren:

> Nach innen gerichtet: Es zieht sich ganz in sich selbst zurück. Gilt dann als scheu, schüchtern, vielleicht sogar als gehemmt. Von der Umwelt will es nichts mehr wissen. Sie macht ihm Angst.

> Nach außen gerichtet: Es zetert, macht ein Affentheater, tickt aus, gilt sogar als hysterisch. Da wird auch bei Kleinigkeiten gejammert, geweint und an das Mitleid seiner Vertrauten appelliert.

Auch in seinen Reaktionen ist ein Sensibel-Kind oft sehr intensiv – zu intensiv für Eltern, die aus ganz anderem Holz geschnitzt sind und sich in Krisenmomenten von ihrem »anstrengenden« Kind schon mal überfordert fühlen.

---

# Was ein Sensibel-Kind braucht

**Da ein Sensibel-Kind als typischer Wir-Experte** ein schwaches Selbstgefühl hat, geht es sich selbst aus dem Weg und flüchtet sich in Beziehungen zu anderen. Das heißt: Im Alltag beschäftigt es sich wenig mit sich selbst und pflegt stattdessen die Kontakte zu Freunden und Verwandten. Mit welchen Maßnahmen können Sie ein Sensibel-Kind unterstützen oder – wenn es sein muss – auch bremsen? Richten Sie Ihr Augenmerk bei seiner Förderung und Erziehung auf die folgenden fünf Schwerpunkte.

## Aufmerksamkeit schenken

Ein Sensibel-Kind will Hauptperson sein. Es möchte erzählen, träumen, Gefühle zeigen, Gedanken austauschen – und das alles am liebsten gemeinsam und immer mit Ihnen zusammen.

> Gehen Sie auf die Wünsche Ihres Kindes nach Aufmerksamkeit und Anerkennung ein. Wenden Sie sich ihm liebevoll und intensiv zu. Beschäftigen Sie sich mit ihm. Spielen Sie mit ihm. Ermutigen Sie Ihr Kind, von seinen Erlebnissen im Kindergarten/in der Schule, von seinen Träumen, von seinen Freuden und auch von seinen Ängsten zu erzählen.

> Bestärken Sie Ihr Kind in seiner Redelust, indem Sie nachfragen, ohne zu neugierig zu sein, indem Sie gut zuhören und Begeisterung zeigen über das Gesagte. Hören Sie nicht nur geduldig, sondern interessiert zu. Ein Sensibel-Kind nimmt den feinen Unterschied wahr. Es will reden, gefragt werden, sich mitteilen. Beim Spielen. Unterwegs im Auto …

> Verwöhnen Sie Ihr Sensibel-Kind mit Zärtlichkeiten und besonders vielen Liebeserklärungen, denn es braucht solche Bestätigungen als Liebesbeweis und als wichtige Bausteine für sein Selbstwertgefühl.

> Die Begeisterungsfähigkeit eines Sensibel-Kindes wird von weniger sensiblen Gemütern gerne als maßlos übertrieben kritisiert. Diese Haltung verletzt ein solches Kind und wirkt demotivierend. Das Umgekehrte gilt: Gerade seine Begeisterungsfähigkeit motiviert ein Sensibel-Kind und sollte deshalb anerkannt werden. Es braucht diese Anerkennung, um ein stabiles Selbstgefühl zu entwickeln und damit unabhängiger von der Meinung anderer zu werden.

> Zeigen Sie Ihrem Sensibel-Kind, wie Sie mit ihm fühlen, indem Sie beispielsweise sagen: »Ich glaube, du bist richtig durchgefroren!« Oder: »Heute scheinst du keinen Hunger zu haben!« Daraus zieht Ihr Kind die Gewissheit: Ich werde geliebt. Führen Sie auch immer wieder seine besonderen Fähigkeiten ins Feld, und loben Sie es mit Bemerkungen wie: »Keiner spielt so gut Fußball in deiner Mannschaft wie du!« Oder: »Du kannst toll rechnen!«

**FÜNF SCHWERPUNKTE**

Je nachdem, wie stark die zuvor geschilderten Merkmale und Eigenschaften (siehe Seite 38–45) bei Ihrem Kind ausgeprägt sind, sollten Sie auch die fünf hier beschriebenen Erziehungsschwerpunkte im Alltag unterschiedlich stark gewichten.

> Vorsicht! Zuwendung sollte nicht in übergroße Verwöhnung ausarten. Steuern Sie deshalb rechtzeitig gegen, wenn Ihr Kind immer mehr Aufmerksamkeit fordert. Ein Sensibelchen kann ziemlich besitzergreifend sein nach dem Motto: »Meine Mami gehört mir!« Es will nicht teilen. Nicht mit dem neuen Freund der Mutter. Nicht mit einem neuen Baby. Überhäufen Sie Ihr Kind dann nicht mit Aufmerksamkeit, und stehen Sie nicht rund um die Uhr als Ansprechpartner zur Verfügung. Denn auch ein Sensibel-Kind muss verstehen lernen, dass es nicht der Nabel der Welt ist, um den sich alles dreht.

> Wenn sein inneres Gleichgewicht aus dem Lot gerät, reagiert ein Sensibel-Kind häufig mit schlechter Laune. Verzeihen Sie ihm seine vorübergehende Unausgeglichenheit, und nehmen Sie Stimmungsschwankungen möglichst gelassen hin, denn meist glätten sich die Wogen bald wieder.

## Was ein Sensibel-Kind braucht    49

### BEI STRESS EINE EXTRAPORTION AUFMERKSAMKEIT

Das Bedürfnis eines Seelchens nach Zuwendung verdoppelt sich in Krisenzeiten:

> Es klammert, lässt seine Bezugspersonen nicht mehr los.
> Es verzweifelt, weint, schreit, versucht Mitleid zu erregen nach der Devise: »Hauptsache, ich bin nicht allein!«
> Es gibt sich auf und signalisiert: »Wenn ihr bei mir bleibt, tue ich, was ihr wollt!«
> Es zieht sich völlig zurück, macht sich quasi unsichtbar, bricht den Kontakt zu seinen Mitmenschen ab.

Was tun? Ihr Kind sollte Position beziehen: »Ich fühle mich mies, weil …« In einem weiteren Schritt sollte es sich fragen: »Was kann ich tun, damit es mir besser geht?« Bei diesem Lernprozess braucht es Ihre Unterstützung. Helfen Sie ihm, indem Sie Ihrem Kind Aufmerksamkeit schenken und sich viel mit ihm beschäftigen. Denn wird nicht gegengesteuert, kann es sogar krank werden, zum Beispiel psychosomatische Beschwerden wie Bauchweh und Kopfschmerzen zeigen oder in seiner Entwicklung stagnieren.

## Beziehungen pflegen

Ein Sensibel-Kind braucht als Wir-Experte nicht nur die Wertschätzung und Anerkennung innerhalb seiner Familie, sondern auch außerhalb.

> Zeigen Sie sich begeistert von der Kontakt- und Beziehungsfähigkeit Ihres Kindes, denn damit verstärken Sie seine innere Motivation, signalisieren Akzeptanz seines speziellen Lebensstils und stärken so seine Selbstsicherheit. Es fühlt sich darin bestätigt, auf dem richtigen Weg zu sein.
> Sensibilisieren Sie Ihr Kind gleichzeitig für das richtige Maß an Kontakten, und bremsen Sie es, falls nötig, denn manchem Sensibel-Kind fällt es schwer, die Freude an Kontakten von der Gier nach Kontakten abzugrenzen.
> Ein sensibles Kind braucht seine Familie, um sich sicher zu fühlen. Beweisen Sie ihm deshalb Zuverlässigkeit und Zusammenhalt in der Familie, und signalisieren Sie: Die Familie ist dein Nest. Sie gibt dir Halt. Vermeiden Sie es aber gleichzeitig, Familie als hundertprozentige Sicherheit zu versprechen – ein Balanceakt, der Feingefühl verlangt.

> Helfen Sie Ihrem Kind, seine Kontakte zu pflegen. Laden Sie Kinder zum Wochenende oder in den Ferien ein. Suchen Sie gemeinsam mit Ihrem Kind nach einem passenden Verein.
> Regen Sie Gemeinschaftsaktionen an wie gemeinsame Ausflüge, Spiele, Gespräche... Stellen Sie Ihrem Sensibel-Kind Aufgaben, die es zusammen mit anderen bewältigen kann, denn die gemeinsame Anstrengung ist der Motor für seine Kreativität. Gemeinsam errungene Erfolgserlebnisse bauen es auf.
> Ein Sensibel-Kind braucht geliebte, verehrte Personen, die es mitziehen. Manchmal ist es um einer guten Beziehung willen sogar bereit, sich mit einem aus seiner Sicht langweiligen Lernstoff zu beschäftigen. Setzen Sie auf diesen Trumpf. Dann geht Ihr Kind eben Ihnen zuliebe ins Museum und nicht aus Interesse an Technik. Ihr Lockmittel: »Wir beide zusammen, nur wir zwei – das macht doch Spaß!«
> Besonders liebt ein Sensibel-Kind Familienunternehmungen wie Familienfeste, Familientreffen, Familienwochenenden... Dann kommt es auf seine Kosten, weil es spürt: Ich bin fest eingebunden, Teil einer Gruppe, und das kann mir niemand nehmen: Wenn ich neben meinem großen Vetter stehe, kann

**TIPP: Die richtigen Freunde**
Freunde haben oft großen Einfluss auf ein Sensibel-Kind. Umso wichtiger ist es, dass Sie sie kennenlernen.

mir keiner was. Und auf Großvaters Schoß ist ein sicherer Hort. Dieses Gefühl tut dem wackeligen Selbstwertgefühl eines Sensibel-Kindes gut.

> Erzählen Sie häufiger Geschichten aus Ihrer Kindheit, je dramatischer das Geschehen, desto besser, denn das Sensibel-Kind lebt gerne intensiv mit. Außerdem wird manchem Kind beim Zuhören klar, dass Familie wie eine alte Burg ein festes Fundament hat. (Selbst nicht ganz so heile Familien haben ein gemeinsames Fundament.) Lassen Sie sich mit Fragen löchern wie »Wie war das bei dir früher in der Schule?«, »Wie oft bist du als Kind umgezogen?«. Ihre Antworten dienen als Richtschnur, an der sich Ihr Kind festhalten und durchs Leben hangeln kann.

> Bringen Sie Ihr Kind mit Abenteuer-Typen und Schlaukopf-Kindern zusammen, die als Ich-Experten schon frühzeitig auf mehr Selbstständigkeit aus sind. Machen Sie ihm auch Unternehmungen ohne seine Familie schmackhaft, das fördert die Eigenständigkeit Ihres Kindes.

> Ein Sensibelchen flüchtet sich gerne in Heile-Welt-Vorstellungen: Alles ist rosig und wunderbar. Holen Sie es behutsam aus seinem Heile-Welt-Denken heraus, steuern Sie gegen, indem Sie es mit der Realität konfrontieren und ihm unter anderem vermitteln, dass auch weniger perfekte Beziehungen eine Bereicherung sein können. Zeigen Sie ihm nicht nur die Sonnenseiten, sondern auch vorsichtig die Schattenseiten des Lebens. Sprechen Sie mit ihm darüber. Vorlesegeschichten, Märchen oder Filme erleichtern den Einstieg in solche Gespräche.

> Fördern Sie gezielt seine Eigen- und Selbstständigkeit, indem Sie Ihrem Kind Einsiedlerspiele anbieten wie Solitär oder Patience. Oder überlegen Sie sich Ferien- und Wochenendprogramme, die die Selbstständigkeit fördern: Wie wäre es, einmal mit dem Zug allein zur Oma zu fahren?

## WENN VERGESSENE ZEITEN LEBENDIG WERDEN

Wenn »von früher« erzählt wird, genießt ein Sensibel-Kind neben der besonderen Atmosphäre aus Geborgenheit und Gemütlichkeit den intensiven Redefluss seiner Eltern: Wenn sie aus ihrer Kindheit erzählen, sind sie mit viel Gefühl ganz bei der Sache. Meistens sprudeln die Erzählungen dann nur so: Geschichten über alte Freunde zum Beispiel, über den Obstgarten bei den Großeltern, über Ferien an der Ostsee … Beim Erzählen aus ihrer Kindheit sind die Großen ganz zu Hause, das spürt man. Ein Sensibel-Kind genießt diese Atmosphäre.

## KRISEN BEWÄLTIGEN UND DARAN WACHSEN

Kein Kind verkraftet Konflikte einfach so, ein Sensibel-Kind hat jedoch seine besonderen Schwierigkeiten damit, sie zu verarbeiten. Deshalb braucht es in Krisenzeiten extra viele Streicheleinheiten.

➤ Helfen Sie Ihrem Sensibel-Kind, wenn es bei Problemen leicht in Verzweiflung gerät, wenn es ausflippt und tobt. Zeigen Sie einerseits Verständnis für seine Verzweiflung – selbst dann, wenn Sie seinen Kummer, seine Wut für reichlich übertrieben und unangebracht halten. Setzen Sie andererseits aber klare Grenzen: »Bis hierhin und nicht weiter. Wenn du weiterhin ein Riesentheater veranstaltest, dann in deinem Zimmer hinter geschlossener Tür!« Vermitteln Sie Ihrem Kind: »Ich spiele nicht mit, wenn du austickst. Erst wenn du wieder zur Ruhe gekommen bist, sehen wir weiter. Gemeinsam werden wir dann eine Lösung für dein Problem finden!«

➤ In besonders schwierigen Lebensphasen – Trennung der Eltern, Tod eines geliebten Menschen, Abschied von guten Freunden, Streit mit Lehrern … – können Sie Ihrem Kind helfen, indem Sie gemeinsam kreativ werden: Malen Sie mit Ihrem Kind Trauerbilder, Wutbilder, Sorgenbilder. Über diese Bilder können Sie später miteinander reden. Auf diese Weise werden Gefühle von innen nach außen verlagert und verlieren so an Macht.

➤ Zeigen Sie Ihrem Kind, wie es seinen Kummer in Aktivität ummünzen kann. Leben Sie ihm vor, wie man andere unterstützt, wie und wo man Hilfe anbieten kann. Der Oma kann es Gesellschaft leisten, den kleinen Bruder zum Sportplatz begleiten …

➤ Eigentlich ist ein Sensibel-Kind bei anderen beliebt. Wenn es aber mit seinen Gefühlsausbrüchen übertreibt, stößt es oft auf Unverständnis. Vor allem die Ich-Experten – Abenteuer- und Schlaukopf-Kinder – sind dann auf ein Sensibel-Kind nicht gut zu sprechen, weil ihnen so viel gefühlsseliges Getue fremd ist. Durch so viel Unverständnis für seine spezielle Wesensart lässt sich ein Sensibel-Kind leicht verunsichern. Solidarisieren Sie sich mit ihm, denn ein sensibles Kind braucht Ihre Unterstützung. Machen Sie ihm klar, dass es sich wehren kann, bisweilen wehren muss: wenn es zum Beispiel ausgegrenzt wird. Wenn es in heftige Auseinandersetzungen gerät. Verdeutlichen Sie ihm in Rollenspielen, wie es sich in solchen Situationen verhalten sollte.

➤ Der Hund ist krank. Die Hausaufgaben sind schwer … Große und kleine Wehwehchen machen Sensibel-Kindern schwer zu schaffen. Erwachsene bagatellisieren diesen Kummer gerne mit einem »Halb so schlimm!« oder »Bald ist alles wieder gut!«. Irrtum! Manche Wunden verheilen langsam, und ein sensibles Kind braucht extra viel Zeit, um belastende Erlebnisse und Gefühle zu verarbeiten. Geben Sie ihm diese Zeit.

## Halt geben

Ein Sensibel-Kind hat gerne festen Boden unter den Füßen und das sichere Gefühl: Wo ich bin, da gehöre ich hin. Manchmal gerät dieses Gefühl jedoch ins Wanken. Dann hebt es ab und begibt sich auf Höhenflüge. Fliegen Sie mit. Aber helfen Sie Ihrem Kind auch, wieder sicher zu landen.

> Geben Sie Ihrem Sensibel-Kind immer wieder positive Rückmeldungen zu seinem Verhalten, damit es sich sicher fühlt: Lob, Anerkennung, Erfolgserlebnisse und immer wieder die Botschaft »Du bist okay, so wie du bist!«.

> Zeigen Sie Ihrem Kind, dass Beziehungen und Kontakte zu anderen nicht alles sind, dass es mehr auf sich selbst schauen soll. Ein Mittel zum Zweck: Naturerlebnisse im Garten. Im Wald. In der Familie mit einem Haustier. Weitere Mittel, selbstständig zu werden: Sportarten, die man auch allein ausüben kann.

> Bleiben Sie gelassen, wenn Ihr Kind im Alltag plötzlich abhebt: Beim Erzählen aus einer Mücke einen Elefanten macht. Beim Spielen permanent im Mittelpunkt stehen will. Im Kindergarten den Clown mimt. In der Schule Münchhausengeschichten erzählt. Verzichten Sie darauf, es mit erhobenem Zeigefinger auf den Boden der Tatsachen zurückzuholen. Und wenn Sie doch eingreifen, weil es gnadenlos übertreibt, dann möglichst mit Humor nach dem Motto: »Komm wieder auf den Teppich!«

> Nehmen Übertreibungen in den Erzählungen Ihres Kindes einen übergroßen Raum ein, dann bremsen Sie es: Verschaffen Sie ihm echte Erfolgserlebnisse bei Sport- und Geländespielen. Unterstützen Sie seine Hobbys.

**TIPP: Mitbe-stimmen lassen**

Beziehen Sie Ihr Kind frühzeitig in Entscheidungsprozesse mit ein – ein Sensibel-Kind weiß das besonders zu schätzen, weil es sich dann ernst genommen fühlt.

## Ein gutes Vorbild abgeben

Ein Sensibel-Kind braucht mehr als jeder andere Kinder-Typ Vorbilder, nach denen es sich richten kann, weil es seinen eigenen Maßstäben nicht traut. Ohne Orientierungsrahmen fühlt es sich verloren. Positive Vorbilder, die nach klaren Wertmaßstäben leben, können einem Sensibel-Kind die Sicherheit geben, an der es ihm aufgrund seines schwachen Selbstgefühls mangelt.

> Leben Sie ihm vor, wie Sie eine Grenze zwischen sich selbst und Ihren Mitmenschen ziehen, und geben Sie Ihrem Kind damit ein gutes Beispiel, dem es nacheifern kann. Erzählen Sie ihm, wie Sie mit Beziehungen umgehen. Worin besteht ihre Bereicherung, wenn Beziehungen klappen? Was macht befriedigende Kontakte aus?

> Machen Sie Ihrem Kind gleichzeitig durch Ihr Beispiel klar, dass Ihnen nicht nur Beziehungen und Kontakte zu Freunden und Verwandten wichtig sind, sondern dass Ihnen auch Ihre Selbstständigkeit lieb und teuer ist, und worin der Reiz Ihrer Autonomie besteht.

> Zeigen Sie, dass Ihnen Ihre Autonomie wichtig ist, damit setzen Sie automatisch einen hohen Maßstab für Ihr Kind, das es – wie alle Wir-Experten – aufgrund seines schwachen Selbstgefühls nicht eilig hat, auf eigenen Füßen zu stehen. Unterstützen Sie den Lernprozess mit kindgerechten, altersentsprechenden Mitteln wie Gesprächen und Vorlesegeschichten, Märchen, Filmen oder Rollenspielen (Anregungen finden Sie im Folder).

> Neben den Eltern orientiert sich ein Sensibel-Kind auch an seinen Geschwistern: am großen Bruder, von dem es sich die Begeisterung für Fußball abguckt, oder an der großen Schwester, mit der es für dieselben Musikgruppen und Fernsehserien schwärmt. Auch an Freunden, Erziehern, Lehrern, Trainern im Sportverein nimmt sich ein Sen-

### EIGENE INTERESSEN VERTIEFEN

Ein Sensibel-Kind droht beim Alleinsein in seine Fantasiewelt abzutauchen. Umso wichtiger, gegenzusteuern und dafür zu sorgen, dass es daneben seine Selbstständigkeit und Eigenständigkeit übt. Beim Joggen: »Ich renne allein einmal um den Häuserblock!« Beim Kochen: »Ich probiere für mich das neue Rezept für Apfelkuchen aus!« Beim Spielen: »Ich konstruiere ganz allein ein Karussell!« Solche Selbsterfahrungen erweitern den Blickwinkel eines Sensibel-Kindes und tragen zu seiner Ausgeglichenheit bei.

> **Was ein Sensibel-Kind braucht** 55

---

**GU-ERFOLGSTIPP** MIT GANZEM HERZEN DABEI SEIN

Wenn Sie sich mit Ihrem Kind beschäftigen, schenken Sie ihm bitte Ihre ungeteilte Aufmerksamkeit, denn Ihr Kind wünscht sich Zuwendung pur: möglichst regelmäßig, möglichst zuverlässig. Das muss nicht rund um die Uhr sein. Denn halbherziges Mitreden, Mitspielen, Mitlachen bringt wenig.

Die Intensität Ihrer Zuwendung ist das Geheimrezept. Und Ihr Kind spürt genau, ob Sie wirklich präsent oder aber nur halbherzig bei der Sache sind. Gut für beide Seiten: Ihr positives Engagement wird positive Folgen haben. Ihr Kind ist ausgeglichener und insgesamt auch zufriedener.

---

sibel-Kind besonders gerne ein Beispiel – nicht immer zur Freude seiner Eltern. Sind Sie nicht einverstanden mit den Idolen Ihres Kindes, dann starten Sie vorsichtige Ablenkungsmanöver, und versuchen Sie den Blick Ihres Kindes auf andere Ziele zu richten. Keine einfache Übung.

## Ruhe und Rückzug ermöglichen

Wer dauernd ganz Ohr ist, alle Antennen auf Empfang geschaltet, ermattet bald. Bieten Sie Ihrem Sensibel-Kind Möglichkeiten, sich zu erholen, sich von Zeit zu Zeit aus dem Tagesgeschehen auszuklinken.

> Achten Sie darauf, dass sich Ihr Kind bei seinen Aktionen nicht zu sehr verausgabt. Sorgen Sie dafür, dass es seine eigenen Bedürfnisse im Auge behält und sich Erholungspausen gönnt. Bei aller Freude an Gesellschaft und Kontakten braucht ein Sensibel-Kind zwischendurch seine Ruhe. Gerne zieht es sich dann auf sein Bett zurück oder in einen stillen Winkel, will einfach nicht gestört werden und möchte nur seinen Gedanken nachhängen. Ermutigen Sie es zu Beschäftigungen, die für Entspannung sorgen, wie: Sich in der Sonne aalen. Schwimmen. Mit nackten Füßen im Sand spielen.

> Leben Sie vor, wie man gut für sich sorgt und dabei das Leben genießt. Auch Mama und Papa haben zwischendurch Verschnaufpausen zum Entspannen verdient.

## WAS HILFT GEGEN ANGST IN DER SCHULE?

Weil manches Sensibelchen in der Schule schnell nervös wird, hier einige Tipps gegen zu große Aufregung:

> Sobald Ihr Kind merkt, dass es nervös wird oder sogar Angst bekommt, sollte es als Erstes ein paarmal tief einatmen und langsam wieder ausatmen.
> Dann heißt es die Aufregung aufzuspüren. Wo sitzt sie – im Bauch, im Herzen, im Hals, im Kopf? Lässt sich die Aufregung in positive Energie umwandeln, die – ausgehend vom Bauch, Herzen, Hals oder Kopf – den Körper angenehm durchströmt?
> Manchmal helfen Glücksbringer: ein vierblättriges Kleeblatt im Federmäppchen oder eine Muschel in der Hosentasche.

> Lassen Sie geliebtes Spielzeug im Kinderzimmer, selbst wenn es nur noch selten benutzt wird, denn mitunter kommt ein Sensibel-Kind darauf zurück und spielt wieder mit längst abgelegtem Spielzeug. Beim Spielen durchlebt es noch einmal fast vergessene Erfahrungen, verarbeitet belastende Gefühle – eine Verschnaufpause für seine Seele.
> Ein Sensibel-Kind gibt sich gerne Tagträumen hin. Es erfindet seltsame Begleiter, zeichnet, malt stundenlang seine Idealvorstellungen, hält vielleicht sogar Selbstgespräche oder spricht mit seinen Figuren. Manchmal dürfen andere mitspielen, aber sie sollen sich bitte nicht lustig machen und abwertende Bemerkungen fallen lassen wie: »So ein Quatsch!« Kommt durch Erwachsene Ironie ins Spiel, ist ein Sensibel-Kind schnell am Boden zerstört. Besser: Das Selbstgefühl stärken und signalisieren: »Lass deinen Gedanken freien Lauf!«

> Bieten Sie Ihrem Sensibel-Kind zur Erholung Gelegenheiten für kleine, angenehme Fluchten aus dem Alltag. Weil es einfallsreich ist und gerne mit Sprache experimentiert, spielt es ebenso gerne mit seiner Fantasie und erholt sich dabei. Wunderbar, wenn es nicht allein ist, sondern andere mitmachen, zum Beispiel beim Malen, Weiterspinnen oder Nachspielen von Geschichten und Erlebnissen.
> Richten Sie sich eine gemütliche Rückzugs-Ecke ein und gehen Sie gemeinsam auf Fantasiereise. Erzählen Sie sich gegenseitig, was Sie vor Ihrem inneren Auge sehen. Wohin führt die Reise? Fliegen Sie in ein fremdes Land? Fahren Sie an Ihren geliebten Urlaubsort? Oder träumen Sie auf einer Wiese zwischen Blumen? Für ein Sensibel-Kind wichtig: Beim gemeinsamen Fantasieren entsteht Nähe, wird Vertrauen gestärkt und damit festigt sich das Gefühl: Zusammen können wir Berge versetzen.

Nach solchen Erholungspausen ist das Leben wieder im Lot: Nun kann die Kontaktpflege erneut im Vordergrund stehen.

## DAS KINDERZIMMER EINES SENSIBEL-KINDES

So wie es bei seinen zwischenmenschlichen Beziehungen auf Harmonie aus ist, so wünscht sich ein Sensibel-Kind auch in den eigenen vier Wänden eine gute Atmosphäre. Es braucht ein Zimmer, in dem es sich wohl und geborgen fühlt. Wichtige Zutaten:
> ein praktischer und zugleich auch hübscher Arbeitsplatz,
> in Reichweite persönliche Geschenke und Gegenstände, an denen sein Herz hängt,
> eine gemütliche Lese- und Rückzugsecke zum Träumen und Ausspannen.

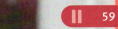

## DAS PFLICHT-KIND: ZUVERLÄSSIG UND HILFSBEREIT

Das Pflicht-Kind wünscht sich gute Beziehungen zu seinen Mitmenschen. Seine Mittel, dieses Ziel zu erreichen: Einsatzfreude und Pflichtbewusstsein.

Typisch Pflicht-Kind: Merkmale und Eigenschaften ...60
Was ein Pflicht-Kind braucht......................68

# Typisch Pflicht-Kind: Merkmale und Eigenschaften

**Gute Beziehungen zu seinen Mitmenschen** sind, ähnlich wie für das Sensibel-Kind, auch für das Pflicht-Kind sehr wichtig. Ein Pflicht-Kind möchte alle ihm gestellten Aufgaben aufs Beste erfüllen, allen Erwartungen gerecht werden. Es ist selig, wenn sein Bemühen gesehen und gewürdigt wird. Jedes Lob lässt es um einige Zentimeter wachsen. Übrigens will es nicht nur gut funktionieren, sondern sogar sehr gut, weil es ein Perfektionist ist. Welche Eigenschaften charakterisieren ein Pflicht-Kind?

## Großes Engagement

Das Pflicht-Kind möchte für seine Familie und Freunde aktiv werden und Anerkennung ernten. Am liebsten von denjenigen, die ebenso einsatzfreudig sind wie es selbst:

> **Voll dabei** – am liebsten unter seinesgleichen. Mit sicherem Gespür hat der Grundschüler im Feriencamp die Burschen entdeckt, denen es mit dem Tennistraining ebenso ernst ist wie ihm selbst. Sogar bei Kälte und Nieselregen stehen die Jungs auf dem Platz. Zu denen will er gehören.

Die Anerkennung, die ein Pflicht-Kind von anderen für seinen besonderen Einsatz erntet, steigert seine Einsatzfreude noch. Und sein Selbstwertgefühl wächst.

## Immer zu Diensten

Egal wo, ein Pflicht-Kind will sich nützlich machen: Im Haus oder im Garten. Im Turnverein oder in der Schule. Gerne springt es da ein, wo sich andere längst verkrümelt haben:

> **Alles picobello.** Der Siebenjährige macht jeden Sonntag das Frühstück, und der Rest seiner Familie ist natürlich damit einverstanden. Und wie gut er es macht: Nichts fehlt.

Wer sich nützlich zu machen weiß, steht gut da, wo das Leistungs- und Nützlichkeitsprinzip großgeschrieben wird: im Kinderkochkurs, im Werkunterricht … Dieser gute Stand in einer Gruppe ist dem Pflicht-Kind wichtig.

## Praktische Ader

Das Verhalten eines Pflicht-Kindes ist immer aufs Praktische gerichtet. Was es tut, soll sinnvoll sein, anderen helfen und – darauf legt es Wert – von ihnen auch anerkannt werden. Wie kann diese Vorliebe für Praktisches aussehen?

> **Handfeste Ideen reichlich vorhanden.** Der Sechsjährige geht abends regelmäßig bei der gehbehinderten Nachbarin vorbei und fragt, ob er ihr helfen kann.
> **Stolz auf ihre Leistung.** Die Fünfjährige räumt ganz selbstverständlich die Spülmaschine ein und aus. Sie sortiert die Sachen gerne ein und freut sich, wenn alles an seinem Platz ist.

**TIPP: Autonomie**

Fördern Sie die Autonomie Ihres Pflicht-Kindes, indem Sie ihm stets vermitteln: »Du weißt selbst, wo's langgeht!« Und: »Du musst es nicht allen recht machen, hör auf dich selbst!«

## Organisationstalent

Ein Pflicht-Kind beweist erstaunliches Organisationstalent und große Zielstrebigkeit. Es bringt Ordnung in seine alltäglichen Angelegenheiten vom Tischdecken und Aufräumen bis zum Erledigen der Schularbeiten. Und das wird von anderen, besonders den Eltern, honoriert. Gut so, denn diese Anerkennung braucht es als Anstoß für seine Entwicklung.

> **Die Dinge auf die Reihe bringen.** Mama, Papa und die beiden Brüder zählen eher zu denen, die keinen Durchblick in Alltagsdingen haben. Schon im Kindergartenalter hat der Jüngste der Familie seine »Marktlücke« entdeckt. Er packt die Einkaufstaschen aus und sortiert die Wäsche. Das tut er gerne und erntet viel Anerkennung für sein Organisationstalent.

## Verantwortungsbewusstsein

Kommen Pflicht-Kinder zusammen, bestärken sie sich gegenseitig in der Notwendigkeit ihres pragmatischen Lebensstils. Gleiche Sichtweise und ähnliche Lebenseinstellung schweißen sie zusammen und lassen ein Gemeinschaftsgefühl aufkommen: »Wir kümmern uns. Wir übernehmen Verantwortung.« Sie sind sich einig darin, dass der Laden ohne sie nicht laufen würde.

> **Einer muss es ja machen.** Die Achtjährige will sich zur Klassensprecherin wählen lassen, bereit, sich um die Klasse zu kümmern. Macht ja sonst keiner. Und wer mag Stellvertreter sein? Ihre beste Freundin natürlich.

Sein Verantwortungsbewusstsein ist für ein Pflicht-Kind das A und O im Alltag, und es fühlt sich gut dabei.

## LIEB- UND BRAVSEIN ALS WIEDERGUTMACHUNG?

Erschreckend für ein Pflicht-Kind ist es, wenn etwas nicht gut klappt, obwohl es sich doch so angestrengt hat und sein Programm gut und richtig, pünktlich und exakt erledigt hat. Meistens sucht es die Schuld dann bei sich selbst: »Ich habe nicht aufgepasst, war nicht hundertprozentig bei der Sache! Deshalb habe ich die Hälfte der Matheaufgaben einfach übersehen.« »Ich habe mich nicht ausreichend angestrengt im Sportunterricht und deshalb eine schlechte Note bekommen.« Die Folge: Schuldgefühle. Ein Pflicht-Kind, das sich – oft grundlos – mit einem schlechten Gewissen herumquält, will den »Schaden« durch besonderes Lieb- und Bravsein beheben. Genau diese Art von Wiedergutmachung darf nicht sein. Hier sind Eltern gefragt, die ihrem Kind vermitteln: Kein Grund für ein schlechtes Gewissen. Alles in Ordnung!

# Zuverlässigkeit

Auf ein Pflicht-Kind ist Verlass. Es ist zuverlässig, gewissenhaft und garantiert pünktlich. Diese Zuverlässigkeit ist tief in seinem Wesen verankert.

> **Das ist meine Aufgabe!** Die kleine Schwester fragt die große abends Vokabeln ab, obwohl sie hundemüde ist und eigentlich längst ins Bett gehört. Aber an Schlafen ist nicht zu denken, erst müssen die Vokabeln sitzen. Dafür fühlt sie sich die Kleine, nicht die Große verantwortlich.

> **Versprochen ist versprochen.** Der Fünfjährige hat seiner Oma zugesagt, sie am Wochenende zu besuchen. Als aus dem Besuch nichts wird, weil er krank geworden ist, weint er: »Ich muss hin. Ich habe es doch versprochen!«

Eltern, Geschwistern, Freunden – allen will ein Pflicht-Kind beweisen, dass es zuverlässig ist. Bei Verabredungen ist es garantiert als Erstes an Ort und Stelle, immer pünktlich, sogar überpünktlich. Gerät es bei so viel Pflichteifer nicht unter Druck? Im Gegenteil: Erstaunlicherweise macht ihm dieser Druck in der Regel wenig aus. Es wird durch den Stress sogar beflügelt und freut sich seines Lebensstils: »Meine Freunde können sich auf mich verlassen, ganz bestimmt, sie zählen auf mich.« Nimmt der Druck allerdings über die Maßen zu, leidet auch ein Pflicht-Kind unter dem Stress (siehe Seite 76 f.).

**JEDERZEIT FÜR ANDERE DA**

Dem eigenen Pflichteifer genügen, gute Noten einsammeln und die Familie bedienen – das bedeutet: Ein Pflicht-Kind hat keine Zeit mehr, sich um sich selbst zu kümmern. Und das kann nicht richtig sein.

## Gefälligkeit

Ein Pflicht-Typ strengt sich an, um den Vorstellungen der Erwachsenen zu entsprechen und es ihnen recht zu machen. Er fährt feine Sensoren aus, um Erwartungen seines Umfeldes zu erspüren. Seine Frage: Was soll ich tun, damit ich akzeptiert werde? Oft glaubt er, sich beliebt machen zu müssen:

> **Einschmeicheln.** Die Tochter beobachtet, dass ihre Mutter im Garten Falläpfel aufsammelt. Sie springt auf und hilft. Reine Hilfsbereitschaft oder Gefälligkeit?

**TIPP: Selbst entscheiden**
Ein Pflicht-Kind fragt oft: »Darf ich das?« Oder: »Soll ich ...?« Es fühlt sich sicherer, wenn die Eltern Ja sagen oder Nein. Noch besser: Sagen Sie wenn möglich: »Entscheide selbst!« oder »Das ist deine Sache!«.

> **Allen Erwartungen entsprechen?** Der Grundschüler hat wenig Lust, die Klassenkasse zu verwalten, meldet sich dann doch, weil er glaubt, seine Klassenlehrerin erwarte diesen Einsatz von ihm.

Hat es Erfolg mit seinen Gefälligkeiten, sogar Einschmeicheleien, greift das Pflicht-Kind häufiger auf dieses vermeintlich erfolgreiche Verhaltensmuster zurück. Erst wenn es ihm gelingt, echte Beziehungen aufzubauen, entsteht mehr Selbstsicherheit und sein Selbstwertgefühl steigt.

## Auf Faktenwissen aus

Weil es auf gute Zensuren und entsprechende Anerkennung für seine Leistungen aus ist, legt sich ein Pflicht-Kind beim Lernen besonders ins Zeug. Ohne tieferes Interesse für den Lernstoff zu entwickeln, trägt es mit großer Sammelfreude Informationen zusammen. Natürlich kommt es mit unserem Schulsystem gut zurecht. Fabelhafte Bewertungen sind die Bestätigung seines Sammelfleißes und gleichzeitig Antrieb für mehr Anstrengung:

> **Druck machen.** Das Mädchen hat sich viel vorgenommen: Es malt ein Paradies mit Blumen und Dschungeltieren, holt sich ein Lexikon, blättert darin, um mehr Fakten zu sammeln, um Tiere und Pflanzen detailliert wiedergeben zu können. Wenn es das Bild gemalt hat, holt es sich von seiner Familie das Lob »Sehr gut!« ab.

> **Nachhaken.** Die Siebenjährige hortet alte Familienfotos. Kommt der Großvater zu Besuch, werden die Bilder hervorgeholt, und sie fragt nach den Personen darauf. Bekommt die Enkelin zu hören, dass diese Personen gut durchs Leben gekommen sind, weil sie ihr Dasein klug angepackt haben, freut sie sich. Dieses Faktenwissen verschafft ihr mehr innere Sicherheit.

Informationen sammeln, Fakten strukturieren – das gefällt dem Pflicht-Kind. Es sieht darin eine Bestätigung seiner inneren Motive, einen Antrieb weiterzumachen.

### PRIORITÄTEN SETZEN

Erst die einfache, dann die schwierige Aufgabe? Oder umgekehrt? Eine Frage, die sich alle Kinder stellen. In der Schule beim Mathetest. Bei den Schularbeiten. Beim Aufräumen. Ein echtes Pflicht-Kind hat keine Probleme damit, diese Frage zu beantworten, denn es steuert das schwierigere Problem automatisch zuerst an. Der Grund: Löst es die schwierige Aufgabe zuerst, freut es sich anschließend an seinem guten Gewissen.

### RUHIG UND ÜBERLEGT

Dem Pflicht-Kind ist Dramatik fremd. Es löst seine Aufgaben ganz in Ruhe und ohne Heckmeck. Als Lohn will es allerdings genau die guten Zensuren bekommen, die ihm zustehen.

## Ordnungsliebe

**GUT VORBEREITET**
Ein Pflicht-Kind bereitet sich sorgfältig auf seine Aufgaben vor: Sorgt für Bastelmaterial, Turnbeutel, Brotzeit ... Gut ausgerüstet kann aus seiner Sicht nichts mehr schieflaufen. Bloß keine Störungen, denn die machen ihm Angst.

Chaos ist dem Pflicht-Kind ein Graus. Grässlich, wenn man nicht weiß, wo oben und wo unten ist. Ein Pflicht-Kind hat die Dinge des Lebens gerne gut gegliedert auf der Reihe. Das zeigt sich in seinem Faible für Pläne und Strukturen, die Überschaubarkeit garantieren. Herrlich ist es für diesen Kinder-Typ, im Stundenplan und Kalender das Leben vor sich zu sehen, genau eingeteilt in Stunden und Tage. Lehrer merken gleich, dass sich ein Pflicht-Kinder wohl fühlt, wenn es mit Arbeitsblättern hantieren kann. Hoch motiviert ist es dann bei der Sache: auf sicherem Terrain, das seinem Naturell entspricht. Es hat einfach gerne klare Strukturen und Regeln in seinem inneren Fahrplan, damit es weiß, was läuft:

> **Versprechen gelten.** Sie bringen Struktur und Ordnung ins Leben. So ist seit Langem verabredet, dass die Oma an jedem Sonntagnachmittag zu Besuch kommt. Das ist sicher. Ihr Enkel weiß: Dann kann ich mir nichts anderes vornehmen. Da diese Verabredung immer gilt, hält er sich gerne daran.
> **Ordnung muss sein.** Die beiden Schwestern teilen sich ein Zimmer. Die Große hat es gerne ordentlich, die Kleine hält vom Aufräumen nicht viel. Deshalb gibt es häufig Streit zwischen den beiden – mit dem Ergebnis, dass die Große den Krempel der Kleinen aufräumt und erleichtert ist, wenn alles wieder im Lot ist.
> **Den Überblick wahren.** Der Sechsjährige hält in seinem Kopf Ordnung, hat zum Beispiel alle wichtigen Termine gespeichert,

## WAS TUN, WENN MEIN KIND LÜGT?

Pflicht-Kinder leiden schnell unter einem schlechten Gewissen. Sie werfen sich vor: Ich habe mich nicht genug angestrengt, meine Sache nicht gut gemacht. Weil es sich schämt, wenn es seine Ziele nicht erreicht, kann es passieren, dass es lügt, um eine falsche Fährte zu legen und seine Schmach zu verstecken.

Oder es gibt an, um Misserfolge in Erfolge umzumünzen. Wie entspannend, wenn diese verhängnisvolle Spirale dank verständnisvoller Eltern durchbrochen wird, die das Gespräch mit ihrem Kind suchen, mit ihm über die Ursachen seines Verhaltens reden und nicht gleich mit Strafen kommen.

> **GU-ERFOLGSTIPP**  DAS SELBSTGEFÜHL STÄRKEN

Sensibel-Kind und Pflicht-Kind haben ein großes gemeinsames Thema: Der Kontakt zu anderen bestimmt ihr Verhalten. Ihr Selbstgefühl ist dagegen nur schwach ausgeprägt. Das Beste, das Sie für Ihr Kind tun können, wenn es zu den Wir-Experten zählt: Stärken Sie sein Selbstbewusstsein. Indem Sie ihm immer wieder zu verstehen geben: Kümmere dich nicht nur um deine Kontakte zu Freunden und Verwandten, sondern kümmere dich in erster Linie um dich selbst. Mach immer wieder Dinge nur für dich: lesen, spielen, basteln ... Und zeigen Sie ihm gleichzeitig, warum seine speziellen Stärken – Kontaktfreudigkeit, Beziehungsfähigkeit – das Leben ebenfalls bereichern. Versuchen Sie gemeinsam, beide Lebensbereiche in Einklang zu bringen, indem Sie ab und an auf Abstand gehen und Ihren Lebensstil auf den Prüfstand stellen: Wie läuft die Entwicklung?

natürlich auch die Familiengeburtstage. Nicht nur in seinem Kopf ist alles geordnet, auch in seinem Ranzen und auf seinem Schreibtisch herrscht Ordnung.

Zu wissen, wie der Hase läuft, gibt einem Pflicht-Kind Halt. Klare Wege und eindeutige Ziele braucht es. Dann fühlt es sich wohl.

## Konservative Grundhaltung

Hauptsache, alles bleibt, wie es ist – ein Pflicht-Kind mag keine Veränderungen und ist dem Sensibel-Kind in diesem Punkt ähnlich. Dinge über den Haufen werfen, sich neu orientieren? Lieber nicht. Wechsel verunsichern ein Pflicht-Kind, stellen für es eine Belastung dar. Es ist eher unflexibel und reagiert mit schlechter Laune, wenn es sich mit ungewollten Veränderungen auseinandersetzen muss. Es möchte, dass die Dinge so bleiben, wie sie sind:

> **Auf Durchzug schalten.** Der Siebenjährige verhält sich wie immer. Er kauft ein. Er räumt die Spülmaschine ein und aus. Er verdrängt den anstehenden Umzug einfach. Denn er will bleiben, wo er ist. Als er merkt, dass seine Mühen nichts bringen, zettelt er einen Machtkampf an: »In die neue Schule will ich nicht. Wenn ich trotzdem hingehen muss, dann tue ich nichts mehr für die Schule!«

# Was ein Pflicht-Kind braucht

**Auch der zweite Wir-Experte, das Pflicht-Kind,** hat ein schwaches Selbstgefühl. Dieses Defizit versucht es auszugleichen, indem es sich pflichtbewusst und gewissenhaft für die Belange seiner Mitmenschen einsetzt. Um sich selbst kümmert es sich dabei weniger – zu wenig. Wie können Sie ein Pflicht-Kind unterstützen? Worauf sollte Ihr Augenmerk bei seiner Förderung und Erziehung liegen? Fünf Schwerpunkte, die bei der Erziehung und Förderung eines Pflicht-Kindes weiterhelfen:

## Die Einsatzfreude in vernünftige Bahnen lenken

Ein pflichtbewusstes Kind will in seinem Engagement für Gemeinschaftsdinge bemerkt werden, möchte sich damit von den weniger Einsatzfreudigen abheben und sich in die Gruppe der Fähigen, Engagierten, Fleißigen integrieren. Dieses Zugehörigkeitsgefühl ist ihm wichtig. So können Eltern die Einsatzfreude Ihres Kindes in vernünftige Bahnen lenken:

> Unterstützen Sie Ihr Kind bei seinen Aktivitäten, solange es mit diesen nicht übertreibt. Bringen Sie Verständnis für seine inneren Motive auf und für seinen von Pflichtgefühl geprägten Lebensstil. Freuen Sie sich mit ihm, wenn es den Kindergartenalltag durch sein besonderes Engagement bereichert, zum Beispiel bei Geländespielen und Ausflügen, beim gemeinsamen Malen, Basteln, Experimentieren. Oder setzt es sich in der Schule besonders für andere ein, etwa bei der Hausaufgabenbetreuung oder als Klassensprecher? Bestärken Sie es in seinem Engagement und darin, eigene Wege zu gehen, das stärkt sein Selbstbewusstsein.

> Lassen Sie sich vom Elan Ihres Kindes anstecken, ziehen Sie mit ihm an einem Strang, zum Beispiel bei Ferien-, Sport-, Freizeit- und Spielaktivitäten. Spielen Sie zusammen Theater oder Zirkus: mit und ohne Handpuppen. Mit Stofftieren. Wenn Sie als Team auftreten, können Sie die Einsatzfreude Ihres Kindes dirigieren und ihm spiegeln: Zusammen sind wir stark.

> Vermitteln Sie Ihrem Kind, dass es nicht nach Anerkennung für seine besondere Einsatzfreude schielen muss, sondern um seiner selbst willen gemocht wird. Weisen Sie es auf die Zuwendung hin, die es zum Beispiel von seinen Geschwistern, Großeltern und Freunden bekommt (ganz ohne sich dafür besonders anstrengen zu müssen). Vermitteln Sie ihm häufig durch kleine Gesten und Worte: Wir haben dich so lieb, wie du bist! Wir freuen uns täglich an dir! Wir sind gerne mit dir zusammen, bei gemeinsamen Mahlzeiten, bei Ausflügen und Spielstunden … Du musst dich nicht abrackern und ständig aktiv sein, um geliebt zu werden.

**TIPP: Engagement unterstützen**

Unterstützen Sie die besonderen Engagements Ihres Kindes, aber heizen Sie sie nicht noch zusätzlich an.

> Vereinnahmen Sie ein Pflicht-Kind nicht! Gerade in stressigen Lebenssituationen greifen manche Erwachsenen gerne auf dieses hilfsbereite, engagierte Kind zurück und nehmen es als Helfer in Anspruch nach der unausgesprochenen Devise: Wie praktisch, solch ein hilfsbereites Wesen in Reichweite zu haben. Weil es so vernünftig wirkt, ist sein Einsatz doppelt gefragt: als Babysitter. Als Tafelabwischer. Als Mülleimerausleerer. Als Wasserkastenschlepper. Weil es sich nicht wehrt, sondern tut, was andere von ihm erwarten, wird leicht übersehen, dass es immer tiefer in den Pflichtstrudel gerät, bis es sich nicht mehr allein daraus befreien kann. Nicht selten werden ihm Aufgaben aufgebürdet, die jedes Kind überfordern. Es muss herhalten als Gesprächspartner oder als Ersatzpartner (häufig nach einer Scheidung der Eltern). Kein Wunder, dass es sich oft überfordert fühlt, besonders dann, wenn sein Einsatz nicht gewürdigt wird. Der Grund: Wer dauernd parat steht und bereit ist, an ihn gestellte Aufgaben in Angriff zu nehmen und zu erledigen, bringt sein Umfeld dazu, sich an diese übergroße Einsatzfreude zu gewöhnen. Das Engagement des Pflicht-Kindes wird dann als Selbstverständlichkeit angesehen, auf die man automatisch zurückgreifen kann. Steuern Sie gegen. Nutzen Sie seine Hilfsbereitschaft nicht aus. Und wenn Sie einmal ausnahmsweise darauf zurückgreifen, dann schenken Sie Ihrem Kind die ersehnte Aufmerksamkeit. Das Pflicht-Kind ist auf ein positives Echo angewiesen, braucht Erfolgserlebnisse mehr als andere Kinder für sein seelisches Gleichgewicht.
> Versorgen Sie Ihr Kind mit altersgemäßen Aufgaben, die es gerne übernimmt und die es mit Freude erfüllen. Erklären Sie es zum Spielleiter beim gemeinsamen Spielen. Zum Computerfachmann. Zum Handwerker. Zum Koch …

> Wenn ein Pflicht-Kind Engagement zeigt, dann nicht unbedingt um einer guten Sache willen, sondern oft aus Gefälligkeit. Umso wichtiger, dass Sie ihm durch Ihr Vorbild vermitteln, dass es mit sich selbst und anderen am besten klarkommt, wenn es authentisch ist. Geeignete Hilfsmittel, die sich als Einstieg in ein Gespräch nutzen lassen: Filme, Geschichten, Märchen. Auch beim Spielen mit Handpuppen und Playmobilfiguren können Sie das Gespräch auf dieses Thema lenken.
> Fördern Sie den Kontakt Ihres Pflicht-Kindes zu Gleichgesinnten mit einem ähnlichen Lebensstil, denn gemeinsame Interessen verbinden und stabilisieren Ihr Kind, weil es sich in dieser Gesellschaft gut verstanden und damit verwurzelt fühlt. Zeigen Sie ihm gleichzeitig, dass es Alternativen gibt, konträre Lebensstile – machen Sie es zum Beispiel mit den Motiven eines Ich-Experten bekannt, der weniger auf Anerkennung durch andere gepolt ist und damit unabhängiger.

## Die praktische Veranlagung fördern

Ein Pflicht-Kind profiliert sich durch seine zupackende Art, mit der es an das Leben herangeht, und es wünscht sich, dass seine Zielstrebigkeit Anerkennung findet.

### VON GROSSER ÄNGSTLICHKEIT

Manchmal kann es passieren, dass die Gedanken eines Pflicht-Kindes ängstlich und angespannt um das Programm kreisen, das es zu bewältigen hat. Auf dem Weg in die Schule oder zu einem Freund – immer geht ihm sein tägliches Pensum an Aufgaben durch den Kopf. Loszulassen fällt ihm schwer. Vergessen Sie allgemeingültige Sätze wie »Da besteht kein Grund zur Beunruhigung!« oder »Mach dir doch nicht so viele Gedanken!«, die nichts bringen. Geben Sie Ihrem Kind stattdessen die Bestätigung, die es braucht, um sich entlastet zu fühlen, zum Beispiel so: »Alles in Ordnung. Kein Grund, sich Sorgen zu machen!« Wenn Sie Ihr Kind zuverlässig unterstützen, ihm spiegeln, dass es die Dinge des Lebens im Griff hat, geben Sie ihm, was es braucht, um selbstsicherer zu werden. Grenzen Sie sich gleichzeitig mit einer klaren Ich-Botschaft von seiner Überbesorgtheit ab: »Ich sehe keinen Grund zur Sorge, weil …!«

## SORGEN SIE FÜR ERHOLUNGSPAUSEN!

Weil ein Pflicht-Kind die an es gestellten Aufgaben überengagiert erfüllt, begibt es sich damit in Gefahr, vor lauter Tüchtigkeit nichts anderes mehr wahrzunehmen als Pflichten.

> Setzen Sie Gegengewichte. Sorgen Sie dafür, dass Ihr Kind von Zeit zu Zeit einfach nur Kind ist. Animieren Sie es zum Faulenzen, zum Atemholen. Lassen Sie es Musik hören, Wolken am Himmel zählen, Düfte im Garten sammeln, in der Sonne liegen, Träumen nachhängen, an einem Bach-, Fluss- oder Seeufer sitzen, aufs Wasser schauen, unter einem Baum liegen, in die Baumkrone schauen und das Licht- und Schattenspiel der Blätter genießen ... Lassen Sie zusammen die Seele baumeln jenseits aller Pflichten.

> Machen Sie mit Ihrem Kind Entspannungsübungen: Autogenes Training oder Yogaübungen für Kinder.

> Zeigen Sie ausdrücklich Ihre Freude über die Einsatzbereitschaft Ihres Kindes, und beweisen Sie ihm so, dass es dank seiner zupackenden Art als wertvolles Mitglied der Gemeinschaft gilt, denn genau das wünscht sich ein Pflicht-Kind. Bewunderung, Lob, Belohnung – das ist Balsam für seine Seele.

> Bieten Sie Ihrem Kind eine Plattform, auf der es sich als Macher beweisen kann. Zum Beispiel am Strand beim Burgenbau mit Sand. Im Wald beim Tipibau mit Stöcken und Moos. Im Kinderzimmer beim Turmbau mit Klötzen.

> Übertragen Sie Ihrem Kind praktische Aufgaben, die ihm liegen und die in der Familie oder dem Freundeskreis geschätzt werden, wie zum Beispiel Pudding kochen, Marmorkuchen

**Was ein Pflicht-Kind braucht** 73

backen, Spielzeug reparieren … Hier kann es sich in seiner praktischen Art beweisen und kann Erfolgserlebnisse sammeln. Nach und nach traut sich Ihr Pflicht-Kind auch an anspruchsvollere Aufgaben heran, die sein besonderes Geschick erfordern, und freut sich, wenn diese gelingen.

> Ermuntern Sie Ihr Kind, an Gruppenaktivitäten teilzunehmen. Denn ein Pflicht-Kind lebt in Gruppen auf, wenn sie nach seinem Geschmack sind. Besonders bei Geländerallyes und sportlichen Aktivitäten wie etwa Schnitzeljagd, Schneeballschlacht, Fußball, Bockspringen kann es zeigen, was in ihm steckt. Gleichzeitig stärken Sie dadurch seine Beziehungen zu Freunden und Mitschülern. Auch Gesellschaftsspiele eignen sich, etwa wenn die Familie am Sonntagnachmittag beisammensitzt oder Freunde zu Besuch sind.

> Zielstrebig sein, sich etwas abverlangen, zupacken – das ist in Ordnung, solange Ihr Kind dabei nicht zu angespannt und mit zusammengebissenen Zähnen agiert. Zeigen Sie Ihrem Kind,

## SPIELEN ALS ERFAHRUNGSTRIP

Beim Spielen erfahren Sie einiges über den Seelenzustand und die inneren Motive Ihres Kindes. Und wie? Spiele lassen sich oft als kindgerechtes Erziehungsmittel nutzen, das zum Denken und Handeln anregt.

> Schauen Sie Ihrem Kind diskret beim Spielen zu. Erspüren Sie, was ihm durch den Kopf geht. Beim Spielen kommen ganz unterschiedliche Motive zum Ausdruck. Ein Beispiel: Tut das Kasperle beim Spiel mit Handpuppen alles, um den Ansprüchen seiner Großmutter gerecht zu werden – es kauft ein, es kocht … –, dann ist es wohl ein Pflicht-Typ. Und wenn sich beim Spiel mit

Playmobil-Figuren das Fußvolk abrackert, um beim Playmobil-Häuptling ein Lob abzustauben, dann spricht das ebenfalls Bände.

> Spielen Sie mit. Zeigen Sie einem Pflicht-Kind während des Spiels, dass es auch anders gehen kann: mit weniger Pflichtbewusstsein und mehr Vergnügen – einfach lockerer, entspannter. Wenn ein Pflicht-Kind Ihre Erfahrungen auch nicht eins zu eins übernehmen kann, so erweitern Spielerfahrungen doch seinen Horizont.

> Vermitteln Sie Ihrem Kind im Spiel, dass Ihnen die Einzigartigkeit von Menschen wichtig ist und nicht die Rolle, die sie verkörpern.

**REGELN? JA, BITTE!**
Wer Regelmäßigkeit schätzt, hat nichts gegen Regeln. »Dann weiß ich, woran ich bin, und das ist doch praktisch!«, sagt ein typisches Pflicht-Kind.

wo Lockerheit ihren Reiz hat und warum es entspannend ist, auch mal fünfe gerade sein zu lassen. Nutzen Sie neben Gesprächen auch Rollenspiele mit Handpuppen, Geschichten, Märchen wie zum Beispiel »Hans guck in die Luft«, um Gegengewichte zu übertriebenem Pflichtbewusstsein zu setzen.

## Pläne machen und improvisieren

Ein Pflicht-Kind ist ein Wenn-dann-Stratege, der denkt: Wenn ich genau nach Vorschrift bastle, dann gelingt meine Laterne. Wenn ich die Blumen präzise nach Anleitung dünge, dann wird etwas aus meinem Balkonkasten … Es geht die Dinge des Lebens nach Plan an und braucht ein überschaubares, strukturiertes Umfeld, um sich sicher zu fühlen. Wie reagieren Eltern am besten auf dieses Bedürfnis nach Struktur und Plan?

> Akzeptieren Sie den Ordnungsdrang Ihres Kindes, unterstützen Sie sein Bedürfnis nach Plan und Struktur. Es braucht einen festen Rahmen, denn sind die Dinge des Lebens geplant, kann es sich orientieren und fühlt sich damit sicherer. Machen Sie sich klar, dass das innere Motiv eines Pflicht-Kindes heißt: Ich will nichts falsch machen. Bieten Sie ihm Spielpläne an und feste Spielregeln, kleinere Kinder freuen sich über Ausmalbücher oder Bauanleitungen für Baukästen.

> Ein Pflicht-Kind ist hochzufrieden, wenn es als Ordner, Organisator und Planer eingesetzt wird und sich beweisen kann. Es will Aufgabenberge versetzen – je höher die Berge, desto besser. Beanspruchen Sie das Organisations- und Planungstalent Ihres Kindes. Beziehen Sie es frühzeitig in organisatorische Aufgaben ein. Lassen Sie es zum Beispiel Pläne für die Ferien machen. Pläne fürs Aufräumen. Pläne für häusliche Ordnungssysteme. Aber überfordern Sie es auf keinen Fall!

**GU-ERFOLGSTIPP**

### DISKUSSION STATT MACHTKAMPF

Pflicht-Kinder handeln gerne. Ihre Masche: Ich gebe dir … Was gibst du mir dafür? Wenn sie bei einem Handel nicht so weit kommen, wie sie gerne möchten, neigen sie dazu, den Handel in einen handfesten Erpressungsversuch umzumünzen: Wenn du … nicht für mich machst, dann … Lassen Sie sich keinesfalls darauf ein, erst recht nicht auf einen daraus leicht entstehenden Machtkampf. Denn dabei gibt es nur Verlierer. Sie kommen weiter, wenn Sie stattdessen eine sachliche Diskussion führen: kurz, klar, eindeutig. Beenden Sie diese, wenn sie in ein langes Palaver auszuarten droht.

## RÜCKMELDUNG VOM COMPUTER? AUCH GUT!

Ihr Kind sitzt gerne am Computer? Das ist nachvollziehbar, denn der PC entspricht dem Bedürfnis eines Pflicht-Kindes nach Struktur. Was noch für den Computer spricht: Die Lern- und Spielprogramme bieten ihren Stoff in vielen Einzelschritten an. Wer sich damit beschäftigt, bekommt zwischendurch immer wieder Rückmeldungen, und die sind jedem Pflicht-Kind lieb und teuer, denn es lässt sich gerne sagen: »Du bist auf dem richtigen Weg!« Der Computer meldet zuverlässig »richtig« oder »falsch«, und genau diese klare Linie entspricht dem Bedürfnis eines Pflicht-Kindes nach Eindeutigkeit.

> Versuchen Sie, die Kreativität Ihres Kindes zu stärken, indem Sie freie Beschäftigungen anregen ohne Spielregeln, wie etwa Purzelbaumschlagen, Schaukeln, Tanzen… Entwickeln Sie beim Spielen neue Ideen, legen Sie beim Basteln und Malen einfach los: Es kann Freude machen, ein Risiko einzugehen. Beweisen Sie Ihrem Kind, dass solche Selbsterfahrungen ihren Reiz haben. – Der Kreativität freien Lauf lassen, Regeln einfach mal über den Haufen werfen, Neues ausprobieren, ungewöhnliche Lösungswege suchen: Damit unterstützen Sie die Entwicklung Ihres Kindes.
> Wie wäre es, beim Kochen zu improvisieren? Bloß nicht, meint Ihr Pflicht-Kind, denn es wünscht sich ein eindeutiges Rezept, an das es sich halten kann. Trotzdem sollten Sie gemeinsam mit Ihrem Kind einmal nicht nach Rezept kochen, sondern einfach nach Gefühl. Wie schmeckt das Essen?
> Ein Pflicht-Kind liebt Rituale, die nach einem immer gleichen Schema ablaufen. Gerade in Stresszeiten sind sie verlässliche Fixpunkte, die ein Kind mit unsicherem Selbstgefühl als Halt braucht. Verabreden Sie zum Beispiel ein Nach-Hausaufgaben-Winter-Ritual: Dann gibt's heißen Kakao mit Sahne. Oder führen Sie ein Gute-Nacht-Ritual aus Singen und Erzählen ein, das das abendliche Einschlafen erleichtert.
> Gewinnen Sie Ihr Kind für spontane Aktionen: Gehen Sie mit ihm einfach mal so in den Zoo. Oder ins Schwimmbad. Starten

Sie bei schönem Wetter zu einem Picknick. Überzeugen Sie Ihr Kind vom Reiz der Spontaneität!

> Da ein Pflicht-Kind Angst hat vor Neuerungen, sollten Sie es auf keinen Fall überrumpeln, wenn in der Familie Veränderungen anstehen. Lassen Sie ihm Zeit, sich an Einschnitte zu gewöhnen, ganz besonders bei einer bevorstehenden Trennung der Eltern. Machen Sie Ihrem Kind Neuorientierungen behutsam schmackhaft. Gehen Sie einerseits auf seine Sorgen ein, machen Sie ihm andererseits aber auch deutlich, warum Veränderungen zum Leben zählen, uns oft sogar bereichern. Seien Sie eindeutig und klar, wenn Sie mit Ihrem Kind reden.

## Die Zuverlässigkeit loben

Zuverlässigkeit und Verantwortungsbewusstsein sind tief im Wesen eines Pflicht-Kindes verankert. Auch Pünktlichkeit steht bei einem Pflicht-Kind hoch im Kurs. Allerdings setzt sich ein Pflicht-Kind mit seiner Zuverlässigkeit und seinem Verantwortungsgefühl häufig selbst unter Druck, denn es möchte unbedingt rechtzeitig am Ziel sein. Die Anspannung lässt erst nach, wenn es sein Ziel erreicht hat. Wie gehen Eltern am besten damit um?

> Jedes Kind wünscht sich, dass andere es so nehmen, wie es ist – diese Sehnsucht nach Akzeptanz ist bei einem Pflicht-Kind besonders ausgeprägt. Lassen Sie Ihr Kind so, wie es ist. Versuchen Sie nicht es umzubiegen, falls Sie eher zu denen zählen, die lässiger, lockerer durchs Leben gehen. Respektieren Sie, dass Ihr Kind zuverlässig, verantwortungsbewusst und pünktlich ist.

> Loben Sie sein besonderes Verantwortungsbewusstsein, und zeigen Sie ihm, dass Sie auf seine Zuverlässigkeit stolz sind. Sagen Sie Ihrem Kind ausdrücklich, wie beruhigt Sie sind, dass Sie sich auf seine Zusagen und Absprachen verlassen können: »Ich mag deine hundertprozentige Zuverlässigkeit!« Damit stärken Sie das Selbstvertrauen Ihres Kindes.

> Für ein Pflicht-Kind kann es anstrengend werden, seinen selbst gestellten Ansprüchen gerecht zu werden. Beugen Sie seinem übergroßen Perfektionismus vor, indem Sie Ihr Kind häufiger ermutigen, fünfe gerade sein zu lassen. Wenn Sie merken, dass

**BRAUCHT MEIN KIND HILFE?**

Wer im Pflicht-Kind ein Ideal-Kind sieht, das sich reibungslos eingliedert und bestens funktioniert, vergisst zu fragen: »Will dieses vermeintliche Ideal-Kind eigentlich so perfekt sein? Oder ist es vielleicht, verstärkt durch überhöhte Erwartungen und Druck seiner Umwelt, in eine Entwicklungssackgasse geraten, aus der es allein nicht mehr herausfindet?«

Ihr Kind seine Zuverlässigkeit als Belastung empfindet, dann versuchen Sie, den Druck zu mindern. Fordern Sie es auf, von Zeit zu Zeit auch einmal Nein zu sagen, wenn es um etwas gebeten wird.

> Lassen Sie bei Rollenspielen, in Geschichten oder Märchen Figuren auftreten, die erst unter ihrer extremen Zuverlässigkeit und ihrem Verantwortungsbewusstsein leiden und später, nachdem sie von dieser Last befreit wurden, ausgelassen tanzen.

> Schaffen Sie einen Ausgleich, sorgen Sie für Verschnaufpausen: in den Ferien. Am Wochenende. Sensibilisieren Sie Ihr Kind für die Schönheiten des Lebens. Zum Beispiel indem Sie mal morgens um fünf Uhr zusammen mit Ihrem Kind in den Wald gehen und den Sonnenaufgang erleben oder abends um elf Uhr den Sternenhimmel studieren: spontane Aktionen, die nicht immer vernünftig sein müssen. Von Ich-Experten wie dem Abenteuer-Kind und dem Schlaukopf-Kind kann es hier eine Menge lernen.

> Suchen Sie gemeinsam mit Ihrem Kind nach weiteren Verantwortungsbereichen. Bei welchen Gelegenheiten kann Ihr Kind seine Zuverlässigkeit unter Beweis stellen? Zu Hause, wenn es allein für den Hund zuständig ist? Im Kindergarten, wenn es für die Blumen sorgt? In der Schule, wenn es die Klassenkasse verwaltet und das Geld für den nächsten Ausflug einsammelt?

> Streichen Sie Sätze mit dem Wörtchen »man« aus Ihrem Wortschatz, und ermuntern Sie Ihr Kind, es durch ein kräftiges Ich zu ersetzen: »Ich will… Ich darf…« Wer »ich« statt »man« sagt, übernimmt Verantwortung für seine Aussagen und signalisiert damit Verbindlichkeit und Zuverlässigkeit.

### VORSICHT VOR SCHLECHTEN RATGEBERN!

Um seinen Zielen nach Anerkennung und Zugehörigkeit näher zu kommen, sucht ein Pflicht-Kind gerne den Rat seiner Freunde. Ein Problem kann daraus entstehen, wenn das Urteil dieser Ratgeber ungeprüft übernommen wird und von nun an den Kurs Ihres Kindes prägt. Geschieht das, sollten Sie eingreifen. Forcieren Sie die Eigenständigkeit Ihres Kindes, indem Sie ihm zeigen, wo es gegen den Strom schwimmen könnte: im Kindergarten. In der Schule. Erweitern Sie den Blickwinkel Ihres Kindes, fördern Sie gezielt seine Eigenständigkeit.

## POSITIVE RÜCK-MELDUNGEN GEBEN

Ein Pflicht-Kind braucht viel Bestätigung. Sagen Sie zum Beispiel beim Spielen: »Toll, der Bauklotzturm hält!«, beim Lernen: »Die Matheaufgaben sind ja schon fertig! Gut gemacht!« Jedes positive Zeichen, das Sie setzen, bedeutet: »Du bist auf dem richtigen Weg.«

# Die Lust auf Detailwissen stillen

Ein Pflicht-Typ hofft, dank seines Wissens zu den Tüchtigen zu zählen, zu den Erfolgreichen, zu den Fähigen. Er sehnt sich danach, dass die Menschen, an deren Meinung ihm liegt, seine Sammelleidenschaft für Fakten, seine Informationswut und seine Freude am Strukturieren positiv bewerten. Erreicht es sein Ziel, ist ein pflichtbewusstes Kind hochzufrieden.

> Versorgen Sie Ihr Pflicht-Kind mit Nahrung für seine Sammelleidenschaft: Spielen Sie mit bei seiner Suche nach neuen Informationen und Details. Suchen Sie zusammen mit Ihrem Kind im Internet, in Zeitschriften, Lexika und Filmen, und bringen Sie gemeinsam Struktur in die Informationsflut, indem Sie Ordnungssysteme installieren: in Ordnern, in Klarsichthüllen, im Computer.

> Heizen Sie seine Freude an Faktenwissen in Gesprächen an. Ihre Begeisterungsfähigkeit dient dabei als Vehikel, das Ihr Kind vorwärtsbringt, denn sie überträgt sich auf Ihr Kind.

> Die Begeisterung für Details und Fakten bezieht sich auch auf Themen der Familiengeschichte. Ein Pflicht-Kind möchte mehr über seine Familie wissen, um sich zugehörig, als Teil eines Ganzen sehen zu können. Werden Fotos angeschaut, dann will es Details wissen: »Wer steht neben der Oma? Warum ist von diesem und jenem Familienmitglied so selten die Rede? Welches Haus ist im Hintergrund des Fotos zu sehen?« – Warum, wieso, weshalb gab es diese und jene Entscheidung? Welche Lebenswege verbergen sich hinter welchen Namen? Ein Pflicht-Kind will beim Zuhören und Bilderanschauen nicht emotional mitschwingen wie ein Sensibel-Kind, denn an der Seelenlage und Befindlichkeit der verschiedenen Familienmitglieder ist es kaum interessiert. Mehr Freude hat es an den mit der Familiengeschichte gekoppelten Daten und Sachgeschichten.

> Darüber hinaus wünscht sich ein Pflicht-Kind, dass Sie beim Erzählen Stellung beziehen, die Charaktere, von denen Sie berichten, auch beurteilen. Denn Werturteile dienen einem Pflicht-Kind als Richtschnur, an die es sich halten kann. Nutzen Sie die Gelegenheit, Ihrem Kind zu vermitteln: Du bist kostbar, einfach

so, wie du bist – ganz ohne Bewertung. Helfen Sie Ihrem Kind, unabhängiger von den Urteilen anderer zu werden. Tragen Sie in Gesprächen dazu bei, dass Ihr Kind seinen eigenen Standpunkt findet und vertreten kann.

> Gute Noten in der Schule nehmen einem Pflicht-Kind die Angst vorm Versagen. Deshalb braucht es gute Zensuren und den Rückhalt seiner Eltern, wenn es um gute Noten kämpft. Stehen Sie Ihrem Kind zur Seite, stärken Sie einerseits seinen Leistungswillen, indem Sie seine guten Leistungen anerkennen. Da ein Pflicht-Kind den Bogen gerne überspannt und in der Schule oder beim Sport allzu ehrgeizig, übereifrig, mitunter sogar verbissen auf die Jagd nach guten Noten geht, sollten Sie ihm andererseits aber vermitteln, dass es im Leben nicht nur auf gute Noten ankommt. Freut sich Ihr Kind auch an seinem neuen Wissen und Können? Weisen Sie es auf die Ich-Experten hin und ihren Spaß am Entdecken, am Experimentieren, und zeigen Sie ihm, dass es sich von ihnen mehr innere Unabhängigkeit abgucken kann (siehe Seite 95).

## DAS KINDERZIMMER EINES PFLICHT-KINDES

Auf Ordnung aus und gut strukturiert, braucht ein Pflicht-Kind vor allem Übersichtlichkeit. Es hat eine Vorliebe für praktische Dinge. Sein Credo: Hauptsache, die Dinge sind nützlich und erfüllen ihren Zweck. Sein Zimmer muss nicht schön, sondern funktionell sein. Wichtig sind ihm

> ein überschaubarer Schreibtisch, auf dem alles seinen Platz hat,
> gutes Licht und ein rückenfreundlicher Stuhl,
> in Reichweite Ablagekästen und Ordner für seine Arbeitsunterlagen,
> Stifteköcher, Mäppchen, Lineal …

## DAS ABENTEUER-KIND: STARK UND ERFAHRUNGSHUNGRIG

Abenteuerlust ist das innere Motiv, das ein Abenteuer-Kind antreibt. Welche Merkmale prägen seinen Lebensstil, welche Erziehung braucht es?

Typisch Abenteuer-Kind: Merkmale und
Eigenschaften .................................. 82
Was ein Abenteuer-Kind braucht................... 92

# Typisch Abenteuer-Kind –
# Merkmale und Eigenschaften

**Ein Abenteuer-Kind sieht die Welt wie eine weite Ebene** vor sich liegen: eine Art Schlaraffenland. Seine Vorstellung: Es muss einfach nur losrennen, sich umschauen, dann aufregende, ungewöhnliche, auch mal spektakuläre Erfahrungen sammeln: neue Gerüche, neue Bilder, neue Geräusche in sich aufnehmen. Egal, ob Ihr Kind zwei oder acht Jahre alt ist – jedes Abenteuer-Kind sitzt ungeduldig in seinen Startlöchern, bereit sofort loszulegen: ab durch die Mitte, kleine, große, laute oder leise Abenteuer aufspüren, die es drinnen und draußen, im Frühling, Sommer, Herbst und Winter zu entdecken gibt. Überall macht es spannende Erfahrungen. Groß ist sein Glück, wenn es merkt: Hier habe ich etwas Besonderes gefunden. Wodurch zeichnet sich ein Abenteuer-Kind im Einzelnen aus?

## Sinnenfreude

Ein Abenteuer-Kind will da sein, wo der Bär brummt – mitten im Getriebe, wo es jede Menge zu hören, zu sehen, zu riechen, zu fühlen, zu schmecken gibt. Mit allen Sinnen will es Neues suchen, erforschen und aufnehmen. Es ist happy, wenn es seine Sinne nutzen kann, werkeln kann und experimentieren. Im Sandkasten. In der Küche. Im Hobbykeller – wo auch immer. Weil ein Abenteuer-Kind das Leben mit allen Sinne aufsaugt, isst es gerne: schleckt Erdbeer-Eis. Verdrückt Puddingkuchen. Beißt kräftig in ein Wurstbrot – alles zusammen pures sinnliches Vergnügen und Abenteuer der anderen Art.

> **Faible fürs Essen.** Erst mit beiden Händen im Sandkasten schaufeln und den feinen Sand durch die Finger rieseln lassen, später Grießbrei essen – für den Zweijährigen ein Riesenvergnügen: gutes Futter für seine Sinne und gleichzeitig Schulung seiner Wahrnehmungsfähigkeit.

> **Mit Genuss kochen.** Der kleine Bruder unterstützt seine große Schwester beim Kochen. Die beiden fabrizieren zusammen einen Nachtisch. »Wie geht das mit der Gelatine?«, fragt er und ist später begeistert von dem spannenden Wabbelzeug, das er produziert. Wie der Glibber wohl schmecken mag?

Wer gerne isst, redet auch gerne über Köstlichkeiten – jedenfalls sprechen Abenteuer-Kinder gerne über ihre kulinarischen Vorlieben. Mit Freude fassen sie ihr sinnliches Vergnügen in Worte: Ein Würstchen schmeckt nicht nur gut, sondern knackt herrlich, wenn man hineinbeißt, und Kartoffelsalat geht runter wie Butter! Sinnliche Erlebnisse sind Selbsterfahrungen, die ein Abenteuer-Kind sucht. Übrigens können auch kleinere, leisere Erlebnisse das Zeug zum Abenteuer haben, wenn sie nur die Sinne ansprechen. Gerade sie bieten oft unerwartete, spannende Erfahrungen.

**VORSICHT BEI STRESS**
Unter Stress können sich alle Merkmale, die ein Abenteuer-Kind normalerweise zeigt, wesentlich verstärken und dann Probleme auslösen: Aus Lebhaftigkeit wird Unruhe, aus Neugier Umtriebig- und Rastlosigkeit.

## Sammelleidenschaft

Steine, Blätter, Hölzer, Federn – wer mit offenen Augen durch die Welt wandert und genau hinschaut, findet überall Schätze. Diese Kostbarkeiten kann ein Abenteuer-Kind nicht lassen, wo sie sind, sondern schleppt sie nach Hause. Von der Garnrolle bis zum Stück Draht – alles wird mitgenommen. Den Wert dieser Sammelstücke sieht vor allem das Abenteuer-Kind selbst:

> **Kostbarkeiten, die nichts kosten.** Der Sechsjährige braucht lange, bis er mittags nach der Schule zu Hause eintrudelt, denn er macht zusammen mit seinem besten Freund gerne Umwege. Unterwegs grasen die beiden den Boden mit den Augen ab und schleppen mit, was sie finden – eine Schatzsuche, die den beiden Spaß macht. Andere können ihre Freude an rostigen Nägeln und ähnlichem Zeug nicht unbedingt teilen.

Mit seinen Schätzen sammelt ein Abenteurer Wissen über seine Kostbarkeiten. So weiß er zum Beispiel genau, was wozu taugt, und kann aus Erfahrung sagen, dass Korken langsam Mangelware werden. Er weiß, wo man Schneckenhäuser findet und wo Ohrenzwicker hausen. Aufgrund seines konkret-praktischen Wissens fühlt er sich ziemlich autark und sagt sich: »Man weiß ja nie, vielleicht sind meine gesammelten Schätze noch einmal von Nutzen für mich!« Diese innere Unabhängigkeit stärkt das Selbstgefühl des Abenteuer-Kindes.

**NOCH MAL, BITTE!**
Abenteuer-Kinder lieben Wiederholungen bei Filmen, aber auch beim Erzählen und Vorlesen, weil sie noch einmal richtig mitzittern wollen.

## Erlebnishunger

Eingetrampelte Pfade verfolgen? Nichts für einen Abenteurer, der am liebsten den Dschungel erforschen würde, wenn er nur könnte. Weil er nicht kann, schafft er Ersatz: stöbert unbekannte Ecken auf, erforscht neue Winkel. Auf der Suche nach immer neuen Erfahrungen, auch Selbsterfahrungen, macht sich ein Abenteuer-

Kind gerne selbstständig: Wo warten neue besondere Ereignisse auf mich? Wann kann ich endlich aktiv werden und Erlebnisse jenseits meines Alltags aufspüren?

> **Spannung!** Er will ein Kaninchen fangen: eins von denen, die sich im Garten breit machen. Der Sechsjährige gräbt eine Kuhle, legt Stöckchen dicht an dicht über die Kuhle und wartet ab: Ob er erfolgreich sein wird mit seiner Falle?

Sind keine Abenteuer in Sicht, reagiert ein Abenteuer-Kind nervös, unruhig – angespannter als andere Typen. Die innere Anspannung löst sich jedoch schnell, wenn es reizvolle Aufgaben zu bewältigen gibt. Immer heißt die Frage: Wo finde ich neue Herausforderungen? Jedes bestandene Abenteuer ist ein Plus für sein Selbstgefühl (siehe Seite 14).

## Unternehmungslust

Zu Hause sitzen und brav Hausaufgaben erledigen? In der Schule hocken und fleißig Arbeitsblätter abhaken? Diese Aktivitäten zählen eindeutig nicht zu den Lieblingsbeschäftigungen eines Abenteuer-Typen. Er nimmt die Sache lieber selbst in die Hand und macht mehr daraus – vor allem in der Schule: Aus Heftseiten werden Papierflieger, die interessante Bahnen durch das Klassenzimmer ziehen. Aus Hausaufgabenheften Malbücher mit selbst gezeichneten Monstern. Aus gerollten Arbeitsblättern Blasrohre für Papierkügelchen … Damit lässt sich jedes langweilige Arbeitsprogramm aufbessern.

> **Zum einen Ohr rein, zum anderen raus.** Der Achtjährige geht überhaupt nicht gerne zur Schule. Nichts los da! Also spielt er den Klassenclown, damit Leben in die Bude kommt und der Schulalltag, so seine Sicht, ein bisschen interessanter wird.

Ermahnungen wie »Lass den Blödsinn!« oder »Konzentriere dich!« bringen wenig, denn damit weiß ein Abenteurer nichts anzufangen, heißt sein Lebensmotto doch: Bloß keine Langeweile aufkommen lassen. Deshalb ist er groß darin, Abenteuer zu erfinden. Seine Mitmenschen sollen sich zurückhalten, ihn bestimmen lassen, was zu tun und zu lassen ist. Betriebsamkeit und spannende Erlebnisse helfen ihm, sich selbst zu spüren.

**STILLSITZEN? NEIN, DANKE!**

Weil ein Abenteurer auf spannende Erlebnisse aus ist und nicht auf Stillsitzen und Anpassung, gerät er leicht in Schwierigkeiten. So haben Lehrer meistens wenig Verständnis für Abenteuerlustige und ihre Kapriolen.

> **GU-ERFOLGSTIPP**
>
> ## TAUSCHEN SIE DIE ROLLEN!
>
> Der Wald ist spannend, die U-Bahn aufregend, der Spielplatz attraktiv – ein Abenteuer-Kind geht mit hellwachen Sinnen offen, neugierig und aufnahmebereit auf die Welt zu. Es will nicht nur von Ihnen an die Hand genommen werden, damit Sie es mit den Kostbarkeiten unseres Lebens bekannt machen, sondern auch umgekehrt: Es möchte Sie häufiger mitreißen und Ihnen zeigen, welche Abenteuer ihm lieb und teuer sind: Im Nebel spazieren gehen. Am Teich sitzen und auf Frösche warten. Im Kaufhaus die Schusterwerkstatt besichtigen. – Sehen Sie die Welt öfter mit den Augen Ihres Kindes. Lassen Sie sich von ihm an die Hand nehmen! Solch ein Rollentausch stärkt die Beziehung zwischen Groß und Klein.

# Wagemut

Ein Abenteuer-Kind sitzt ganz bestimmt nicht stundenlang zu Hause am Computer, sondern ist mit Freude unterwegs, immer in Bewegung. Es will sich spüren, ausprobieren und sich einiges abverlangen: »Wo ist die Grenze meiner Leistungsfähigkeit?« Ist es in Gesellschaft, will es sich im Wettbewerb erproben: Wer kann Purzelbaum schlagen – vorwärts und rückwärts? Wer traut sich auf einen Baum zu klettern? Wer wagt es, oben vom Klettergerüst zu springen? Weil Abenteurer gerne Risiken eingehen, sind sie auf der Suche danach:

> **Gerne auf Achse.** Brav an Mamas Hand durch den Supermarkt schlendern? Nein, danke! Der Dreijährige dreht lieber seine Kreise zwischen den Regalen. Umrundet Grabbeltische. Als er ein Regal erklimmt, wird die Sache brenzlig. Nun bekommt er ein energisches »Stopp« zu hören: Schluss mit den Akrobatenstücken. Schade!

> **Am liebsten im Trupp unterwegs.** Der Siebenjährige geht begeistert zum Training. Fußball ist sein Schönstes und seine Mannschaft einfach spitze. Mitunter wagt er beim Spielen Neues. Und wenn seine Aktionen schieflaufen? Egal, ein Risiko muss manchmal sein.

## Wenig aufs Äußere bedacht

Wer auf Abenteuersuche geht, hat Wichtigeres zu tun, als auf sein Äußeres zu achten. Ihm ist es egal, dass sein Tun deutliche Spuren hinterlässt: Dreckspritzer, Ratscher und Risse, schmutzige Hände … Wenn ein Abenteuer-Kind durch den Wald streift auf der Suche nach Baumhöhlen, wenn es auf dem Speicher herumkriecht oder wenn es im Matsch gräbt beim Bau von Bewässerungssystemen, dann kann es nicht picobello aussehen:

> **Nicht von dieser Welt.** Für den Zweijährigen gibt es im Moment nur die ölig schwarze Erde aus dem Blumenbeet. Er holt sich einen dicken Brocken und zerkrümelt den Batzen und zerreibt die Krümel zwischen seinen Händen. Seine Hände sind schnell kohlrabenschwarz und seine Klamotten reichlich eingesaut. Einen Forscher stört das nicht.

> **Ist doch egal!** Die drei Geschwister haben bei Regenwetter Weitsprung über Pfützen geübt. Manchmal sind sie nicht weit genug über eine Pfütze gesprungen, sondern mit Schwung in der lehmigen Brühe gelandet, und das sieht man ihnen an. Kein Problem für die drei, schließlich haben sie eine Menge Spaß, und der zählt für sie.

Wo gehobelt wird, fallen Späne. Das heißt: Helle Hosen bekommen Flecken, Schuhe eine Dreckkruste. Wie gut, wenn es trotzdem loslegen darf, denn ein Abenteuer-Kind blüht auf, wenn es seiner eigenen Wege gehen kann – mit oder ohne Mitspieler.

## Immer auf der Suche nach Spannung

Adrenalin pur, der Kick ist ihm wichtig: dieses besondere Kitzeln in der Magengrube. Je aufregender das Leben, desto besser aus der Sicht eines Abenteuer-Kindes, das risikofreudig auf Spannung aus ist – wo auch immer.

> **Park als Dschungel.** Zu gerne macht sich der Zweijährige selbstständig, schlägt sich in die Büsche und sitzt dann im Halbschatten unterm dichten Blätterdach – ein spannendes

Erlebnis für ihn: geheimnisvolles Licht, geheimnisvolles Rascheln der Blätter im Wind und dabei allein auf weiter Flur. Dass er gleich darauf von seiner Mutter wieder eingefangen wird, passt ihm gar nicht.

> **Auf Umwegen unterwegs.** Eine beliebte Beschäftigung der Zwillinge: durch den botanischen Garten wandern, exotische Pflanzen bestaunen und vom echten Urwald träumen.

Oft ist es gar nicht so einfach für ein Abenteuer-Kind, in unserem durchorganisierten Leben und zubetonierten Umfeld noch unerforschte Ecken zu finden und spannende Erlebnisse, die es innerlich bereichern.

## Ungeduld

Zielstrebiges Üben, um die eigene Leistung zu verbessern? Nein, danke. Hausarbeiten machen, Vokabeln lernen? Auch nicht. Das ist viel zu wenig abwechslungsreich und damit nichts für ein Abenteuer-Kind, das keinen Nerv hat für geduldiges Üben. Trainieren? Sich die Welt langsam Stück für Stück erobern? Nicht sein Ding, denn es will lieber gleich loslegen, sich um neue Abenteuer kümmern. Lässt es sich doch einmal wider Erwarten auf

### SPIELEN SIE NICHT DEN ANIMATEUR!

Ein Abenteuer-Typ mag sich nicht langweilen. Er will Action haben, wird schnell ungeduldig, wenn sich nichts rührt. Dann quengelt er gerne: »Mir ist so langweilig!« Genervt von seiner schlechten Laune, lassen sich Eltern allzu leicht vor seinen Karren spannen, spielen prompt den Animateur und zaubern immer neue Abenteuer aus dem Sack – sehr bequem für ein gelangweiltes Kind, weil es sich keine eigenen Gedanken mehr machen muss. Und beim nächsten Hauch von Langeweile wird wieder so lange genervt, bis der Papa oder die Mama für neue Abenteuer sorgt. Auf diese Weise schläft die Eigeninitiative des Kindes langsam ein, und seine Langeweile nimmt zu. Legen Sie in solch einem Fall gleich den Rückwärtsgang ein. Geben Sie Anreize und Anregungen – allerdings in Spardosis. Schaffen Sie gute Rahmenbedingungen, aber überlassen Sie es innerhalb dieses Rahmens Ihrem Kind, nach neuen, spannenden Abenteuern Ausschau zu halten.

## IMPULSIVITÄT – EINE HERAUSFORDERUNG FÜR ELTERN UND KIND

Die besondere Impulsivität eines Abenteuer-Kindes, das erst handelt und dann nachdenkt, wird oft beim Spielen und Arbeiten sichtbar. Ein Abenteuer-Kind begeistert sich schnell für eine Sache: »Euros aus fremden Ländern sammeln? Ganz toll, mache ich!« Oder: »Eine Jahreskarte fürs Schwimmbad besorgen und einmal in der Woche morgens früh zum Schwimmen gehen? Gute Idee. Ich bin dabei!« Das einmal Begonnene durchzuhalten ist allerdings nicht unbedingt die Stärke eines Abenteuer-Typs. Schnell erlahmt sein Durchhalte-

vermögen, und dann heißt es: »Kein Interesse mehr. Wo finde ich Reizvolleres?«
Ebenso impulsiv stürzt er sich auf seine Hausaufgaben, um sie gleich darauf in die Ecke zu feuern. Mit der konsequenten Unterstützung geduldiger Eltern oder Geschwister hält er es vielleicht ein wenig länger bei seinen Schulbüchern aus. Trainieren Sie das Durchhaltevermögen Ihres Kindes, indem Sie klare Spielregeln verabreden wie: Was begonnen wurde, wird auch beendet. Hausaufgaben werden immer gleich nach dem Essen gemacht ...

---

längeres Üben ein, dann nur, weil dieses intensive Training ein aufregendes neues Abenteuer verspricht:

> **Die Faszination auskosten.** Der kleine Bruder bewundert seine Gitarre spielende Schwester. Kaum ist sie aus dem Haus, nimmt er sich die Gitarre und probiert ungeduldig aus, was er mit diesem Instrument zustande bringt. Dass er mit der Zeit immer besser spielt, ist ein Nebenprodukt, denn vorrangig zählt für ihn seine Begeisterung für die Sache.

> **Die Ruhe bewahren.** Kuchen backen? Wunderbar! Leider verliert die Sechsjährige sehr schnell die Freude am Teigrühren, als sie Zucker und Butter fünf Minuten lang schlagen soll. Sie ist viel zu ungeduldig!

Wenn sich das Abenteuer-Kind ans Üben macht, geht es ihm nie um gute Noten wie dem Pflicht-Kind und die damit verbundene Akzeptanz durch Gleichgesinnte, auch will es durch erhöhte Leistungsbereitschaft weder Lob noch Zuwendung erhaschen wie das Sensibel-Kind. Es will sich durch seinen Einsatz einzig und allein aufregende Erfahrungen verschaffen, je spannender, desto besser!

## Rhythmische Begabung

Sich im Raum nach Musik bewegen – das ist für alle Kinder ein sinnliches Vergnügen. Das Abenteuer-Kind lässt sich auf dieses eindrucksvolle Erlebnis aber besonders gerne ein und probiert mit Freude neue Bewegungen aus:

> **Musik hören und mitzappeln.** Wenn die Zweijährige Musik hört – sie mag bewährte Ohrwürmer –, dann springt sie auf und tanzt durchs Zimmer. Macht große Hüpfer und kleine, probiert Drehungen aus. Experimentiert herum und ist bester Stimmung dabei. Sie hat Rhythmus im Blut und die nötige Unbeschwertheit.

Ältere Abenteuer-Kinder genießen Musik und Rhythmus übrigens lieber in Gruppen als allein. Nicht das Gruppengefühl, der Kontakt zu den anderen ist ihnen dabei wichtig, sondern ihr eigenes Erleben, das in Gemeinschaft intensiver ausfällt. Zum rhythmischen Empfinden kommt bei einem Abenteuer-Kind oft noch eine pantomimische Begabung hinzu: Mit Händen und Füßen und großer Ausdrucksfähigkeit teilt es seine Gefühle und Gedanken mit.

### ALLEN ABENTEUERN GEWACHSEN?

Ein Abenteuer-Kind will seine Freiräume genießen und selbst gestellte Aufgaben bewältigen. Dieser Erlebnishunger bedeutet aber nicht automatisch, dass es Abenteuern eher gewachsen und seinen Altersgenossen in puncto Selbstständigkeit automatisch einen Schritt voraus wäre. Wer schon etliche Abenteuer bestanden hat, kann durchaus noch seine Schwierigkeiten damit haben,

> Wagnisse zu erkennen und richtig einzuschätzen,
> bei aller Unternehmungslust einigermaßen vernünftig zu bleiben,
> die nötige Vorsicht walten zu lassen.

## Abenteuer-Kind – Merkmale und Eigenschaften 91

### ABENTEUER- UND PFLICHT-KIND: AUF DER SUCHE NACH NEUEN ERFAHRUNGEN

Beide sind auf der Suche nach neuen Erfahrungen. Aber nur auf den ersten Blick ähneln die Motive eines Abenteurers denen eines Pflicht-Kindes, in ihrem Antrieb unterscheiden sie sich wesentlich: Während der Pflichtbewusste aus Erfahrung lernen will, weil er neuen Stoff beherrschen und eine gute Note für sein Können einkassieren möchte, lässt sich der Abenteurer von anderen Motiven steuern, wenn er sich auf die Suche nach neuen Erfahrungen macht: Noten sind ihm gleichgültig. Wissen ansammeln ist auch nicht seine Sache. Ein Abenteuer-Kind will neue sinnliche Eindrücke sammeln, seine Wahrnehmungsfähigkeit weiterentwickeln und schulen, um die Welt ausloten zu können.

## Handfest im Denken

Über den Gang der Welt nachdenken? Keineswegs. Das ist nicht nach dem Gusto eines Abenteuer-Kindes. Es denkt lieber über Konkretes nach, am liebsten über die Funktionen von Geräten und Apparaten: Wozu taugen sie? Wie funktionieren sie? Mit Lust und Wonne untersucht es einen Rasierapparat, eine Eismaschine, einen Dosenöffner… – lauter höchst spannende Dinge. Jedes Auseinandernehmen und Zusammenbauen ein Abenteuer. Mit allen Sinnen macht es sich daran, zu begreifen und auszuprobieren, was es vor sich hat:

> **Überprüfen.** Schalter an, Schalter aus – der Vierjährige probiert den Föhn aus, den er in der Hand hält. Was geschieht, wenn er den Schiebeschalter nach oben bewegt, und was, wenn er ihn nach unten schiebt?

> **Ausprobieren.** Das Ding am Griff festhalten und dann los. Möglichst gerade Bahnen fahren… Die Fünfjährige probiert mit Papas Hilfe den Rasenmäher aus. Der ist schwer…

Wenn es die Dinge auf ihre Funktion untersucht, ist ein Abenteuer-Kind vollkommen bei der Sache, tief versunken in seine Experimente, versucht es hinter das Geheimnis verschiedener Apparate und Instrumente zu kommen. Hauptsache, andere stören nicht bei seiner Abenteuersuche. Jede neue Erkenntnis, jede neue Erfahrung ist ein Plus für sein Selbstgefühl.

# Was ein Abenteuer-Kind braucht

Ein **Abenteuer-Kind – egal ob Junge oder Mädchen –** ist immer auf der Suche nach Neuem, Ausgefallenem, Spannendem und als typischer Ich-Experte schon frühzeitig auf Selbstständigkeit aus. Damit ist es eine echte Herausforderung für seine Eltern. Wie weit kann, soll, darf seine Abenteuerlust gehen, und wo sollte man ihm Grenzen setzen? Im Folgenden finden Sie fünf Schwerpunkte für eine typgerechte Förderung und Erziehung Ihres kleinen Abenteurers.

# Die Begeisterungsfähigkeit stärken

Ein Abenteuer-Kind begeistert sich leicht für Neues – allein oder gemeinsam mit anderen. Diese Begeisterungsfähigkeit treibt seine Entwicklung an. Es will herausfinden, wie weit es kommt und was es kann. Bestärken Sie es darin.

> Freuen Sie sich an den speziellen Interessen Ihres Kindes und seiner Begeisterungsfähigkeit zum Beispiel für das Sammeln, für Unternehmungen, für spannende Denksportaufgaben. Stellen Sie in der Wohnung, vielleicht im Keller oder auf dem Speicher, Raum für seine Sammlungen zur Verfügung, ganz egal, was es anschleppt, und ein Abenteuer-Kind schleppt viel Krimskrams an – Sachen, die außer ihm keiner braucht. Bieten Sie ihm Gelegenheit, neue Sammelstücke aufzutreiben. Teilen Sie seine Begeisterung, und bleiben Sie gleichzeitig im Hintergrund, denn ein Abenteuer-Kind will autonom sein – ein Balanceakt.

> Nutzen Sie die Begeisterung Ihres Kindes für rhythmische Bewegung, und bieten Sie ihm häufiger Gelegenheit, nach Musik zu tanzen, mit den Fingern zu spielen, Figuren zu bewegen (Handpuppen, Stofftiere) und sich dabei selbst zu spüren.

> Für seine Bewegungsfreude braucht Ihr Kind Abenteuer wie etwa Joggingrunden über Trimm-dich-Pfade, Radtouren, Wettkämpfe, Austoben auf Bolzplätzen mit und ohne Ball, Räuber-und-Gendarm-Spiele … Regen Sie vom Kindergartenalter an Bewegungsspiele in der Gruppe an wie Fangen, Verstecken, Federball, Völkerball. Das Ziel des Abenteuer-Kindes: die Führung der Gruppe übernehmen. »Ich weiß, wo's langgeht!« Wenn es mit anderen spielt, sind ihm weder das Gruppenerlebnis noch das Zugehörigkeitsgefühl besonders wichtig, viel entscheidender ist die Selbsterfahrung: Was kann ich? Wie schneide ich im Vergleich mit anderen ab?

> Bieten Sie Ihrem Abenteuer-Kind zu Hause spezielle Anregungen, die zu seinem Lebensstil passen: Im Vorschulalter zum Beispiel einen Kinderstaubsauger, einen kleinen Spaten zum Graben oder eine kleine Harke, eine Mühle zum Quetschen von Getreideflocken fürs morgendliche Müsli … Lauter Gerätschaften und Apparate, die seine Begeisterung wecken.

**TIPP: Spielideen schenken**

Schreiben Sie Spielideen in ein Heft und schenken Sie es Ihrem Abenteuer-Kind. Ideen wie etwa: Schneckenhäuser suchen im Garten. In Wald und Feld auf Spurensuche gehen. Oder: Die nächste Telefonzelle suchen. Ihrem Einfallsreichtum sind keine Grenzen gesetzt.

> Ein Abenteuer-Kind begeistert sich nicht nur für echte Abenteuer, sondern auch für Abenteuergeschichten – je länger und je spannender die Erzählungen, desto besser. Lustvoll steigt es in Geschichten ein, lebt intensiv mit und hat nur einen Wunsch: noch mehr Aufregung, noch mehr Spannung. Halten Sie deshalb Ausschau nach spannenden Kinderbüchern. Suchen Sie Geschichten zum Nacherzählen und Vorlesen. Animieren Sie Ihr Kind, auch selbst zu lesen. Gehen Sie mit ihm in Buchhandlungen und Büchereien, helfen Sie ihm bei der Suche nach spannendem Lesestoff.

> Ein Abenteuer-Kind freut sich, wenn andere erzählen und vorlesen. Nutzen Sie die Gelegenheit, und erzählen Sie, was Sie zum Beispiel beim Einkaufen, im Büro, in der Straßenbahn gesehen, gehört, erlebt haben. Ein Abenteuer-Typ erzählt aber auch gerne selbst. Animieren Sie Ihr Kind zum Erzählen, indem Sie nachfragen (ohne auszufragen). Einige Beispiele: »Was hat dir besonders gut in dem Film gefallen, den du gesehen hast?« Oder: »Warum gefällt dir deine neue Lehrerin so gut?« Beim Erzählen malt es mit Worten opulente Bilder – so

### ECHTE ABENTEUER

Actionfilme und Computerspiele werden von Abenteurern gerne als »Ersatzdroge« konsumiert, wenn sich im Leben nichts rührt. Reißen Sie das Steuer herum: Erleben Sie mit Ihrem Kind echte Abenteuer: Lagerfeuer. Nachtwanderungen. Ruderpartien ... Solche Abenteuer bringen seinen Entwicklungsmotor auf Touren und machen es glücklich und zufrieden. In der Folge ist Ihr Abenteurer auch im Alltag ausgeglichener. Am liebsten gehen Kinder übrigens in den Ferien mit Mama, Papa und Geschwistern auf Abenteuersuche.

als würde es seine sinnlichen Abenteuer in Gedanken noch einmal erleben. Mit zunehmendem Alter werden die Erzählungen immer eindrucksvoller: Ein »Film« läuft vor den Zuhörern ab. Dann sind Sie als aufmerksamer Gesprächspartner gefragt.

> Alltägliche Dinge sind dem Abenteuer-Kind nicht so wichtig. Es lässt sich lieber von Außergewöhnlichem begeistern, will mit Helden zu tun haben, mit Ausnahmegestalten und besonderen Welten. Schenken Sie ihm für Abenteuerspiele geeignete Spielsachen: Raubtiere aus Kunststoff. Dinosaurier. Handpuppen wie Krokodil und Räuber. Natürlich stellt sich in diesem Zusammenhang die Frage nach Waffen. Schwert und Lanze? Wasserpistole und Gewehr? Ja oder nein?

> Sollte Ihr Kind, wenn es älter ist, in Computerspiele abtauchen, wo sein Bedürfnis nach Spaß und Spannung, nach Kräftezeigen und Kräftemessen befriedigt wird, achten Sie bitte darauf, welche Computerspiele Ihr Kind spielt. Schauen Sie sich die Spiele an, bevor sie Ihrem Kind in die Hände kommen. Sprechen Sie mit ihm über die Spiele und vor allem über die Spieldauer. Hier ist Ihr besonderes Engagement gefragt.

**TIPP: Freiheit geben**
Ein Abenteuer-Typ mag kein systematisches, geplantes, ergebnisorientiertes Leben führen, sondern seine Freiheit haben. Ermöglichen Sie ihm so viel Autonomie wie möglich.

## Den Freiheitsdrang steuern

Ein Abenteuer-Kind ist auf Eigenständigkeit und Selbstständigkeit aus, will seine Freiheit genießen und sich Abenteuer verschaffen. Bereits im Kleinkindalter wird dieser ausgeprägte Freiheitsdrang sichtbar. Wie gehen Eltern damit am besten um?

> Unterstützen Sie den Freiheitsdrang nachdrücklich, indem Sie Ihrem Kind viel Spielraum und viel Zeit zugestehen für seine eigenen Belange. Zu Hause. In den Ferien. Beim Sport. Beim Spielen. Auch als Gegengewicht zur Schule, die einem Abenteuer-Kind nicht viel zu bieten hat: Aus seiner Sicht ist Schule vor allem langweilig und entspricht damit so gar nicht seinen Bedürfnissen nach Eigenständigkeit. Umso wichtiger, dass ein Abenteuer-Kind in seiner Freizeit die Freiräume bekommt, die es als Ich-Experte so sehr braucht.

> Neben den Freiräumen muss sich Ihr Kind auch an Regeln halten und Grenzen akzeptieren – eine Lektion, die ein Abenteuer-

## SELBST GEMACHTE ABENTEUER

Bevor ein Abenteuer-Kind seinen Pflichten nachkommt, hat es eine Menge anderer Dinge zu erledigen. Es ist groß darin, sich mehr Freiraum zu verschaffen und damit ein intensiveres Leben:

> Ein erstes Abenteuer am Morgen. Pünktlich aus dem Haus Richtung Schule trotten? Wie öde. Viel spannender: dem eigenen Zeitgefühl nachgeben, in aller Ruhe morgens in die Gänge kommen. Erst Gas geben, wenn man sich total verkalkuliert hat und die Zeit wirklich drängt. Auf die letzte Minute in der Schule ankommen. Jeden Morgen das gleiche Spiel wagen: Bekomme ich den Bus noch oder nicht? Muss ich die letzten hundert Meter zur Schule rennen oder nicht?

> Hausaufgaben vergessen. Durchschummeln bei der Kontrolle. Das Experiment wagen: Komme ich damit durch oder nicht? Jedes Mal wieder spannend und damit gerade richtig.

Abenteurer halten nichts von Routine und machen deshalb gerne ihre eigenen Spielchen, um ihre Freiheit auszukosten. Tief im Inneren haben sie kein schlechtes Gefühl dabei: Wenn Spannung aufkommt, dann rührt sich wenigstens etwas!

---

**TIPP: Hausaufgaben-Wettkampf**

Setzen Sie die Lust am Wettkampf bei den Hausaufgaben ein: Wenn es mit anderen um die Wette rechnet, schreibt, zeichnet, kann sich ein Abenteuer-Kind eher für die Aufgaben begeistern.

---

Kind ungern lernt, denn es mag sich nicht einengen lassen. Durch Regeln und Grenzen fühlt es sich in seinem Streben nach Autonomie gestört. Nehmen Sie seinen Drang nach Eigenständigkeit ernst. Vermitteln Sie ihm aber gleichzeitig, warum Sie Grenzen setzen, und kommen Sie mit Konsequenzen, wenn diese Grenzen überschritten werden (siehe Seite 21).

> Ein Ich-Experte wie das Abenteuer-Kind will auf eigene Faust weiterkommen. Das zeigt sich schon früh. So möchte es sein Bilderbuch allein anschauen und nicht zusammen mit Mama oder Papa. Und wenn es Hausaufgaben macht, soll keiner als Kontrolleur neben ihm sitzen. Bleiben Sie deshalb im Hintergrund, wenn Ihr Kind spielt und lernt. Signalisieren Sie: Ich komme, wenn du mich brauchst. Je anregender das Material – Bücher, Zeitungen, Zeitschriften, Bastelmaterialien –, das zu Hause zur Verfügung steht, desto besser für einen Abenteuer-Typen: Er holt sich, was er braucht. Ihre Hilfsdienste sind weit seltener gefragt als bei einem Sensibel- oder Pflicht-Kind.

> Sensibilisieren Sie Ihr Kind in Gesprächen für soziale Werte wie zum Beispiel Solidarität und Rücksichtnahme. Verdeutlichen Sie einerseits, wo man sich Freiheiten nehmen darf, weisen Sie aber auch auf die Grenzen hin. Brauchbare Hilfsmittel, um über soziale Werte zu sprechen: Bilderbücher, Rollenspiele, Märchen wie etwa »Die Bremer Stadtmusikanten«.

> Weil ein Abenteuer-Kind seine Freiheit haben möchte und Pflichtprogrammen lieber aus dem Weg geht, gerät es mit Erwachsenen oft aneinander, die eher Pflicht-Typen sind. Schrecklich uninteressant, wenn etwa die Lehrer in der Schule ihm mit Hausaufgaben kommen oder Terminplänen. Es empfindet solche Pläne als Einschränkung seiner Freiheit. Setzen Sie Gegengewichte. Trainieren Sie die Frustrationstoleranz Ihres Kindes. Und wie? Entwickeln Sie gemeinsam mit Ihrem Kind Strategien, wie es Frust besser aushalten und Hindernisse überwinden kann. Beim Aufräumen: Wie lange werden wir brauchen? Wer tippt die richtige Zeit? Beim Hausaufgabenmachen: Nach 15 Minuten Konzentration ist eine Pause erlaubt.

**TIPP: Durchhalten üben**

Ein Abenteurer lässt sich gerne auf Neues ein, aber ebenso gerne wieder davon ablenken. Steuern Sie behutsam gegen. Halten Sie ihn längere Zeit bei der Stange. Bieten Sie nicht permanent neue Reize an.

## Das Risiko begrenzen

Ein Abenteuer-Kind will sich selbst ausprobieren, seinen Körper beherrschen, sich rundum beweisen, häufig durch Mutproben und riskante Manöver. Seine Fragen heißen: Was kann ich leisten? Wie weit kann ich gehen? Um das zu erfahren, will es sich austoben – häufiger noch und intensiver als andere Kinder. Ein Abenteuer-Kind hat Freude am Risiko, will den Kitzel genießen, wenn es bei Sport und Spiel Wagnisse eingeht. Es spielt gerne auf Risiko. An diesem Punkt halten Erwachsene die Luft an. Was tun?

> Lassen Sie Ihrem Kind seine Freude am Risiko, und bieten Sie ihm entsprechenden Spielraum, damit es sich austoben und Wagnisse eingehen kann, ohne sich zu überfordern. Beim Campen zum Beispiel. Beim Klettern. Beim Skilaufen. Bei Wettkämpfen und sportlichen Aktivitäten wie etwa Völkerball.

> Kanalisieren Sie die Abenteuerlust Ihres Kindes weg vom Risiko hin zu weniger gefährlichen Aktionen. Bieten Sie Gruppenspiele und Wettkämpfe wie Wettrennen, Sackhüpfen, Bock-

springen an. Lassen Sie zum Beispiel Vorschulkinder im Spiel zu »Löwen« werden, die auf allen vieren um die Wette laufen. Hier kann Ihr Kind seine Kräfte ohne großes Risiko mit anderen messen.

> Nicht nur Bewegungsspiele eignen sich als Alternative zu riskanten Unternehmungen, sondern auch spannende Gesellschaftsspiele, bei denen es ums Gewinnen und Verlieren geht. Generell übernimmt ein Abenteuer-Kind beim Spielen gerne Aufgaben, die sich andere nicht zutrauen, und bewältigt diese meist mit Leichtigkeit. Jedes Erfolgserlebnis ist ein Plus für sein Selbstgefühl.

> Weil ein Abenteuer-Kind auf Wagnisse und auf Spannung aus ist, baut es gerne in ganz normale Spiele Risiken ein – zum Bei-

## WAS TUN IN KRISENSITUATIONEN?

Ein Abenteuer-Kind gerät leicht aus dem Gleichgewicht, wenn es mit belastenden Lebenssituationen konfrontiert wird: etwa der Trennung seiner Eltern, dem Tod eines nahe stehenden Verwandten, einem Unfall, einem Umzug … Dies führt bei einem Abenteuer-Kind zu erhöhter Unruhe und Impulsivität.

> Aus Bewegungsfreude wird Rastlosigkeit.
> Aus dem Wunsch nach Anregung wird Übererregung.
> Aus zielgerichtetem Handeln wird Sprunghaftigkeit.

Die Spannung zeigt sich in Albernheiten oder Wutanfällen ohne sichtbaren Grund. Die Konzentrationsfähigkeit leidet: Das Kind bleibt nicht bei der Sache, wenn es spielt und lernt. Es unterbricht andere, die gerade reden. Es steht auf, nimmt Dinge in die Hand und legt sie gleich wieder weg. Es hampelt und zappelt und läuft ziellos herum – sein Versuch, mit der belastenden Situation fertig zu werden. Gefühle wie etwa Traurigkeit, Enttäuschung oder Scham werden zur Seite gedrängt.

Die Eltern reagieren darauf gerne mit Ermahnungen und Schimpfarien wie: »Reiß dich zusammen!« Oder: Wenn du jetzt nicht still bist, dann …!« Oft kommen Strafen dazu. Die Folge: Das einst fröhliche, abenteuerlustige Kind macht sich selbst zum »Problemfall«.

Und noch etwas: »Hausmittel« wie Entspannungsübungen oder Fantasiereisen helfen einem Abenteuer-Kind bei Übererregung nicht, können seinen Unruhezustand sogar noch verstärken. Bringen Sie Verständnis für den unruhigen Geist auf, und versuchen Sie, die Belastungen zu verringern.

spiel heißt es dann beim Schaukeln: »Ich hüpfe in großer Höhe von der Schaukel!« Auf der Straße: »Ich springe im letzten Moment auf den Bus auf!« Erwachsene wollen diese Lust am Risiko mithilfe von Verboten und Geboten eindämmen – beim Abenteuer-Kind oft vergeblich. Setzt sich Ihr Kind über Regeln hinweg und spielt stattdessen auf Risiko, dann ziehen Sie Konsequenzen wie zum Beispiel: »Kein Fahrrad mehr, wenn du dauernd freihändig fährst!«

> Wichtig: Bleiben Sie stets wachsam im Hintergrund. Greifen Sie ein, wenn Ihr Kind sich in Gefahr begibt.

## Die Kontaktfähigkeit fördern

Dem Abenteuer-Kind ist bei seinen Kontakten nicht die emotionale Beziehung wichtig wie dem Sensibel-Kind, auch nicht das gemeinsame Bewältigen von Aufgaben wie dem Pflicht-Kind, sondern die Führungsrolle innerhalb einer Gruppe. Es will Anführer sein und die Gruppe zusammenhalten – keine einfache Aufgabe und deshalb eine reizvolle und spannende, die ein Abenteuer-Typ immer wieder sucht.

> Gehen Sie auf diese speziellen Bedürfnisse Ihres Kindes ein, indem Sie in der Freizeit Beschäftigungen mit Abenteuer-Touch ermöglichen: Geburtstagsfeiern mit Schatzsuche oder Zaubereien, die aus Kindersicht für Abenteuer taugen, sowie Ausflüge mit Versteck- und Geländespielen.

> Bieten Sie Ihrem Kind immer wieder die Gelegenheit, Freunde einzuladen. Zum Spielen. Zum Essen. Zum gemeinsamen Hausaufgabenmachen. Manchmal sogar über Nacht… Obwohl es eine Menge mit sich selbst und seinem Leben anzufangen weiß, ist ein Abenteuer-Kind daneben auch gerne mit anderen zusammen. Mit einem Freund klarkommen, sich in einer Gruppe behaupten – auch das wird als Abenteuer empfunden und ist deshalb reizvoll.

> Fördern Sie Mannschaftssportarten wie Fußball. Die meisten Abenteuer-Typen sind erpicht auf eine gute Position in der Mannschaft. Außerdem gibt es neben dem Sport eine Menge zu erleben wie Sportfeste, Turniere, Freizeiten…

**TIPP: Übervorsicht schadet**
Seien Sie bitte nicht übervorsichtig, lassen Sie Ihrem Kind seine Freude an Wagnissen!

## AKTIVE ELTERN GEFRAGT

Häuserschluchten, gepflasterte Wege und Höfe, Straßenverkehr – in der Stadt kann ein Abenteuer-Kind seine Abenteuerlust leider kaum ausleben. Umso wichtiger ist es, dass Sie einen Ausgleich schaffen und Ihrem Kind Futter für seinen Erlebnishunger bieten. Gehen Sie mit ihm am Wochenende häufiger in die Natur, suchen Sie im Wald, am Feld- und Wiesenrand (zur Not auch am Straßenrand) nach besonderen »Schätzen«, die Sie mithilfe eines Bestimmungsbuches genauer untersuchen. Mit jeder neuen Jahreszeit sind neue »Schätze« zu finden – zum Beispiel:

> Heilpflanzen wie Kamille, Schafgarbe ...
> Gräser wie Wiesenschwingel, Honiggras ...
> Bäume wie Kirschbaum, Ahorn ...
> Blumen wie Gänseblümchen, Hahnenfuß ...
> Kleine und winzige Tiere wie Blattläuse, Regenwürmer ...
> Vögel wie Haubenlerche, Feldsperling ...

Oder suchen Sie mit Ihrem Kind an Stellen, die Sie von zu Hause aus erreichen können, nach kleinen Abenteuern: an sonnigen Hängen, an einer Quelle, an einem Bach oder Fluss, an einem Teich oder See, im Misch- oder Nadelwald, in der Heide, auf Felsen oder im Moor.

## Die Sinne schulen

Ein Abenteuer-Kind will neue sinnliche Eindrücke sammeln, seine Wahrnehmungsfähigkeit weiterentwickeln, um die Welt zu erkunden. Wie können Sie seine Sinnenfreude unterstützen?

> Ein Abenteuer-Typ ist dauernd in Zeitnot, weil seine Sinne immer auf Empfang geschaltet sind, er tausend Dinge auf einmal sehen, hören, schmecken, riechen, fühlen will, und für alles zusammen reicht die Zeit meistens nicht aus. Gehen Sie auf die Bedürfnisse Ihres Kindes weitgehend ein, verschaffen Sie ihm die Zeit, die es für seine sinnlichen Vergnügen braucht.

> Nutzen Sie die Sinnenfreude Ihres Abenteuer-Kindes als Vehikel für Fördermaßnahmen. Regen Sie seine Sinne an, indem Sie Seh- und Suchspiele anbieten: Wer kann drinnen oder draußen versteckte Spielzeuge finden? Wer sieht, was andere nicht sehen? Wer kommt mit in eine Bilderausstellung? Wer sucht Sternenbilder am Himmel? Wer beobachtet die Wolken?

> Machen Sie Hörspiele mit Ihrem Kind: Wer kann mit verbundenen Augen Stimmen erkennen und Geräusche zuordnen?

Wer mag Musik hören oder machen? Wer hört bei einer Nachtwanderung Geräusche? Was ist auf dem Rummelplatz los?
> Oder machen Sie Riech- und Schmeckspiele: Wer kann mit geschlossenen Augen Gerüche und Düfte zuordnen? Wer mag beim Kochen Gewürze probieren? Oder Obst kosten?
> Tastspiele sind ebenfalls beliebt: Wer findet mit geschlossenen Augen heraus, was im Korb liegt: Moos, Stein, Wurzel…?
> Regen Sie sinnliche Vergnügen an wie etwa: barfuß durch einen Bach gehen oder über eine Wiese rennen. Mit bloßen Händen einen Schneeball formen oder einen Eiszapfen abbrechen.
> Malen Sie beim Erzählen mit viel Fantasie Bilder aus, die sinnliche Erfahrungen aufgreifen. Berichten Sie zum Beispiel von einem Stein, der glitschig und kühl in der Hand lag wie ein Fisch. Oder von einem Wüstenwanderer, der mit nackten Füßen durch heißen Sand lief…
> Schalten Sie zum Beispiel beim Fernsehen den Ton ab, und erzählen Sie sich stattdessen gegenseitig, was die Personen sagen.

## DAS KINDERZIMMER EINES ABENTEUER-KINDES

Das Abenteuer-Kind hat die Dinge gerne in Reichweite, die seine Neugier wecken:
> Auf dem Schreibtisch ist es nicht gerade ordentlich. Wichtig ist der Krimskrams, den es gesammelt hat: von Kastanie über Büroklammer bis Vogelfeder. Dazwischen Hefte, Kataloge, Bilder – lauter Dinge, die spannender sind als Schulbücher.
> Im Regal Kisten und Kästen, in denen es seine Schätze verstauen kann, daneben haben seine Abenteuerbücher Platz.
> Kleiderchaos auf dem Bett. Ein Abenteuer-Kind hat Besseres zu tun, als seine Siebensachen akkurat aufzureihen.

# DAS SCHLAUKOPF-KIND: SELBSTBEWUSST UND KLUG

Mit Köpfchen will das Schlaukopf-Kind das Leben durchleuchten und bewältigen. Es lässt andere nur ungern mitbestimmen, denn seine Eigenständigkeit ist ihm wichtig.

Typisch Schlaukopf-Kind: Merkmale und
Eigenschaften . . . . . . . . . . . . . . . . . . . . . . . . . . . . . . . 104
Was ein Schlaukopf-Kind braucht . . . . . . . . . . . . . . . . . 114

# Typisch Schlaukopf-Kind: Merkmale und Eigenschaften

**Auf den ersten Blick hat ein Schlaukopf-Kind Ähnlichkeiten** mit dem Abenteuer-Kind. Kein Wunder, denn beide zählen ja zu den Ich-Experten: Es kämpft ebenfalls mit Ungeduld, pocht gerne auf seine Selbstständigkeit und erkundet die Welt ebenso neugierig. Allerdings verlässt sich das Schlaukopf-Kind bei seinem Machen und Tun lieber auf seinen Kopf als auf seine Sinne. Ein Schlaukopf-Kind wünscht sich mehr Eindeutigkeit, mehr Klarheit als der Abenteuer-Typ. Es sieht die Welt als ein riesiges Raster, in dem die Dinge des Lebens ihren festen Platz haben. Nach seiner Überzeugung findet sich derjenige in diesem System am besten zurecht, der den Durchblick hat. Verirrt sich ein Schlaukopf-Typ wider Erwarten doch einmal in diesem Kästchensystem, dann fragt er hartnäckig nach dem richtigen Weg – einmal, zweimal, immer wieder, bis ein gangbarer Pfad gefunden ist.

## Breit gefächertes Interesse

»Wer war der erste Mensch auf dem Mond und was hat der Astronaut auf dem Mond gemacht?« – »Warum sterben die Eisbären bald aus?« Ein Schlaukopf-Kind interessiert sich einfach für alles. Sein Interesse reicht von A bis Z. Und sein Hunger nach geistiger Nahrung ist unendlich groß:

> **Auf Wissen aus.** Im Tierlexikon blättern und die Bilder von den Affen, Löwen, Pferden, Hühnern – von den Tieren der Welt anschauen. Der Vierjährige studiert jedes Bild: einmal, zweimal, immer wieder. Und weil er das Buch häufig und gründlich studiert und hundert Fragen dazu stellt, sammelt er unmerklich eine Menge Tierwissen an.

> **An allem interessiert.** Die Siebenjährige geht mit hellwachem Blick durch die Welt und stellt immer neue Fragen. Im Supermarkt: »Wieso kostet die eine Milch mehr als die andere?« Auf

### WIESO? WESHALB? WARUM?

Immer wieder bekommen die Eltern eines Schlaukopf-Kindes Fragen zu hören wie »Warum soll ich mich bei Oma für das Federmäppchen bedanken, wenn es mir gar nicht gefällt?« Oder: »Warum muss ich mein Zimmer aufräumen, wenn ich doch alles finde, was ich brauche?« Diese Dauerfragen eines Schlaukopfs sind vielen Erwachsenen lästig. Wie unbequem, wenn Erziehungsmaßnahmen auf Stimmigkeit abgeklopft werden. Wer versucht, ein Schlaukopf-Kind mit unbefriedigenden Antworten abzuwimmeln, erreicht das Gegenteil, denn dann bohrt es erst recht weiter oder sagt schlicht und deutlich: »Nein, mache ich nicht!« Halb erschöpft, halb bewundernd weisen Eltern in solchen Momenten auf den ausgeprägten Dickkopf ihres Kindes hin: »Ganz schön stur!«

**TIPP: Selbst urteilen lassen**

Ein Schlaukopf-Kind will nicht nur forschen, sondern seine Erfahrungen auch beurteilen können. Liefern Sie ihm keine vorgefertigten Urteile, sondern verschaffen Sie ihm Informationen, die ihm helfen, sich selbst Urteile zu bilden.

dem Heimweg: »Warum ist hier keine Ampel, obwohl so viele Autos fahren und ständig Fußgänger die Straße überqueren?«

> **Was Neues?** In der Schule bearbeitet ein Schlaukopf Arbeitsblätter und Texte nur dann gerne, wenn sie Neues, Interessantes bieten. Schrecklich langweilig für ihn, wenn Schulstoff wiederholt werden soll. »Kann ich doch längst!«, heißt es dann.

Was treibt ein Schlaukopf-Kind an, immer neue Interessen zu entwickeln? Jedes neue Interesse bringt neue Fakten mit sich. Je stimmiger es diese Fakten ordnet, desto klarer sein Durchblick. Und damit ist es am Ziel: Wenn es das Leben durchschaut, fühlt es sich sicherer und stärkt seine Autonomie.

## Auf der Suche nach Zusammenhängen

Ein Schlaukopf-Kind ist auf der Suche nach Formeln und klaren Maßstäben, mit deren Hilfe es die Welt erfassen, das Leben messen und wiegen kann. Ein beliebtes Forschungsgebiet, das es auf diese Weise erkunden will: die Natur.

> **Warm oder kalt?** Mit bloßen Händen formt der Fünfjährige einen Schneeball: eine kalte Angelegenheit. Heißt die Formel: In jedem Winter fällt Schnee? – Dann nimmt er den Schneeball mit ins Haus, legt ihn auf die Heizung und beobachtet, wie aus dem Schnee Wasser wird. Kaltes oder warmes Wasser? Und wird aus Schnee immer Wasser?

> **Leicht oder schwer?** Der Dreijährige schmeißt einen Stein in eine Pfütze. Der Stein geht unter. Dann wirft er einen Stock ins Wasser. Und Blätter. Die Blätter schwimmen. Später wiederholt er das Spiel in der Badewanne: Was ist mit der Nagelbürste – geht sie unter oder schwimmt sie? Was ist mit dem Plastikschiff? Heißt die Formel: Schweres geht immer unter, Leichtes schwimmt immer?

Das Schlaukopf-Kind will Zusammenhänge ergründen. Nicht nur naturwissenschaftliche Zusammenhänge interessieren es, sondern auch ästhetische, moralische – alle Fragen, die es weiterbringen auf dem Weg, die Geheimnisse der Welt zu entschlüsseln.

## Hartnäckigkeit

Gebote und Verbote der Erwachsenen, mit denen es konfrontiert wird, klopft ein Schlaukopf-Kind auf Stimmigkeit ab und nervt beim ewigen Nachhaken durch seine Hartnäckigkeit: »Wieso soll ich mittags schlafen, wenn ich gar nicht müde bin?« Oder: »Warum muss ich Gemüse essen, wenn ich kein Gemüse essen mag?« Oder: »Wieso bestimmst du, wann ich meine Hausaufgaben mache, und warum darf ich nicht selbst bestimmen, wann ich mich an den Schreibtisch setze?« Wenn die Erklärungen der Großen nichts taugen, wird weitergebohrt:

> **Warum muss das sein?** Die beiden Geschwister sind besonders schlaue Füchse und plagen ihre Eltern mit Fragen. Wenn sie zu hören bekommen: »Feierabend. Schluss, Zeit ins Bett zu gehen!«, sagen sie wie aus einem Munde: »Warum? Ihr geht doch auch nicht ins Bett!« Oder wenn sie aufgefordert werden, ihre Milch zu trinken, kontern sie: »Wir trinken schon, wenn wir Durst haben!« Immer sind sie darauf aus, sich, ihren Eltern und der ganzen Welt zu zeigen: Wir bestimmen selbst! Wir tun nur, was uns einleuchtet.

> **Alles auf den Prüfstand stellen.** Der Siebenjährige ist gefürchtet bei seiner Klassenlehrerin, weil er ihre Vorgaben hartnäckig hinterfragt. Sagt sie zur Klasse: »Ihr spielt während der Pause bitte nicht Fangen im Klassenzimmer!«, sagt er: »Wieso nicht, wir stören doch keinen!« Und natürlich hat er sogleich eine ganze Gruppe von Mitschülern hinter sich.

Erst wenn es einleuchtende Erklärungen erhält, lässt ein Schlaukopf-Kind locker, lenkt ein und mag sich dann auch fügen. Oder aber es kommt bei nächster Gelegenheit auf seine Anliegen zurück. Ziel seiner Hartnäckigkeit: Es kämpft um mehr Selbstbestimmung, will Sicherheit gewinnen, um auf festen Beinen im Leben zu stehen.

### BERUFSWÜNSCHE

Ein Schlaukopf-Kind möchte später Wissenschaftler werden, etwa Archäologe, Astronom, Informatiker. Oder es will einen Beruf ergreifen, in dem es Geheimnissen auf die Spur kommen kann, wie Detektiv oder Kriminalkommissar.

## Perfektionismus

»Wie stelle ich den Wecker auf sieben Uhr?« Oder: »Wie fädele ich Schnürbändel am besten in Bergschuhe ein?« Oder: »Wie wird aus einem weich gekochten Ei ein hart gekochtes?« Überall Probleme, die gelöst werden müssen, und zwar möglichst in Eigenregie. Ein Schlaumeier ist stets auf die Erweiterung seiner Kompetenzen aus. Er stellt, seiner jeweiligen Entwicklungsstufe entsprechend, hohe Ansprüche an sich selbst, zum Beispiel im Bereich Mathematik. Ein Schlaukopf-Kind baut vor allem auf seine geistigen Fähigkeiten.

> **Einen Gang hochschalten.** Die Lehrerin ist ungerecht, die Mitschüler machen nur Blödsinn – in ihrer Klasse ist einfach schlechte Stimmung. Statt sich mit Lehrerin und Mitschülern auseinanderzusetzen, zieht sich die Sechsjährige lieber zurück und widmet sich ihren Hausaufgaben mit besonderem Einsatz und Perfektionismus. Doppelter Einsatz, doppelte Leistung, doppelter Erfolg – das sind ihre Methoden, um erfolgreich durch die Schule zu kommen.

Ein Schlaukopf-Kind zieht sich in Krisenzeiten gerne zurück, arbeitet dann besonders hart, verlangt sich extra viel ab, will rei-

---

## AUF NEUE REIZE AUS

Wenn Sie einem Schlaukopf-Kind vorlesen oder eine Geschichte erzählen, denkt es scharf mit, spürt schnell Ungereimtheiten auf und löchert Sie dann mit entsprechenden Fragen wie etwa:

> »Wieso begibt sich der Held in Gefahr, obwohl es nicht sein muss und er eigentlich Angst hat?«

> »Warum handelt die Hauptperson so unlogisch?«

> »Weshalb macht er das jetzt?«

Hat es das Ende der Geschichte vernommen, sind alle Fragen beantwortet und alle Probleme gelöst, dann erlischt sein Interesse. Wiederholungen? Sensibel-Kind und Abenteuer-Kind mögen vielleicht Wiederholungen, weil sie alles noch einmal richtig mitfühlen und miterleben können. Dagegen ist ein Schlaukopf an Wiederholungen absolut nicht interessiert, weiß er doch längst, nach welchem Muster die Geschichte gestrickt ist. Wie langweilig, dieselbe Masche noch einmal zu erleben.

## REDEN WIE DIE GROSSEN

Ein Schlaukopf-Kind will als Gesprächspartner ernst genommen werden. Es unterhält sich gerne möglichst vernünftig. Dabei kopiert es oft die Erwachsenen, nimmt im Sessel Platz, ergreift das Wort. Schon frühzeitig übt es, sich gekonnt auszudrücken. Ein Schlaukopf-Typ hält gerne Vorträge, überdenkt reflektierend sein Leben – nicht immer zur Freude der Erwachsenen. Dabei trainiert er seine Gedanken in Worte zu fassen, sein Leben rational zu erfassen – natürlich immer seinem jeweiligen Entwicklungsstand gemäß.

bungslos funktionieren, Fehler vermeiden, weil es dann die Hoffnung hat, durch perfektes Denken und Handeln verfahrene Situationen glätten, Konflikte mindern zu können. Sein Perfektionismus ist für den Schlaukopf ein Halt, der Sicherheit verspricht – zum Beispiel wenn in der Schule vor der Versetzung besonders viele Prüfungen anstehen.

## Freude an Belehrung

Ein Schlaukopf-Typ holt beim Reden gerne weit aus und hält lange Vorträge, meistens allerdings durchaus gut gegliederte. Kein Problem für ihn, wenn die anderen nicht wirklich begeistert zuhören und sich der Applaus später in Grenzen hält. Einen Ich-Experten kratzt das nicht unbedingt, denn ihm geht es vor allem um die Sache an sich, nicht darum, was die anderen darüber sagen oder denken.

> **Ich zeige, was ich kann.** Die Fünfjährige erklärt in allen Einzelheiten, wie ein Schimpanse mit seinen Schimpansenkollegen zusammenlebt. Ihr Wissen hat sie aus einem Buch, das ihr die

Großmutter vorgelesen hat. Dass ihre Zuhörer laut gähnen, stört sie nicht.

Die Selbsterfahrung »Ich habe etwas zu bieten« und seine innere Unabhängigkeit freuen das Schlaukopf-Kind.

## Eigenständigkeit

Eigenständigkeit ist einem Schlaukopf-Kind wichtig, denn es will selbst die Autorität verkörpern, die sein Verhalten bestimmt. Abgesehen von einigen Ratschlägen, die er sich bei anderen holt, setzt ein Ich-Experte wie das Schlaukopf-Kind die Maßstäbe für sein Denken und Fühlen, handelt gerne selbst. Was die Erwachsenen oder andere Kinder von ihm halten, interessiert ihn nicht.

> **Nur das eigene Urteil zählt.** Die Dreijährige ist sauer, dass der Sandkuchen, den sie auf den Sandkastenrand gesetzt hat, nicht perfekt gelungen ist. Auch kein Trost, dass ihr Sandkastenkamerad den Kuchen super findet. Sie bleibt bei ihrer Meinung: Der Kuchen taugt nichts.

Ein Schlaukopf-Kind hält sich selbst die Treue. Vor allen anderen Meinungen zählt seine eigene Anschauung. Kein Wunder, dass es mit dieser von manchen Erwachsenen gerne als Sturheit bezeichneten Haltung auch aneckt.

---

### GROSSE ERFINDER

Beim Spielen und anderen Beschäftigungen wird sichtbar, dass ein Schlaukopf-Typ nicht nur auf eingefahrenen Schienen fährt, sondern dass er erfinderisch sein kann:

> **Ein Tüftler.** Mancher denkt sich Maschinen aus, zeichnet sie detailliert auf und ist lang damit beschäftigt, sie in Teilen immer wieder zu verbessern.

> **Ein Geheimnisträger.** Ein Schlaumeier hat ein Faible für eigene Systeme. Für ihn ist es deshalb reizvoll, Geheimschriften zu erfinden mit eigenen Regeln.

> **Ein Gestalter.** Manches Schlaukopf-Kind ist groß darin, eigene Spielwelten zu erfinden: Fantasy-Gebilde, die perfekt funktionieren.

Ganz wichtig: Nur das Kind selbst hat Zugang zu seinen Systemen, und diese Erfahrung von Autonomie gefällt einem Schlaukopf-Typen. Wer seine Systeme erkunden will, muss sie sich von ihm erklären lassen.

---

## Eingeschränkte Kontaktfähigkeit

Mancher Schlaukopf-Typ nimmt Kontakt zu anderen auf, achtet als Ich-Experte aber in jeder Beziehung strikt darauf, dass seine Autonomie gewahrt wird. Ein anderer hält Nähe nur schwer aus, zieht sich lieber zurück. Tür zu. Die Botschaft heißt: »Bitte nicht stören!« Ganz wichtig für ein Schlaukopf-Kind: Mein eigenes Zimmer oder meine Ecke gehört mir. »Betreten verboten« für Eltern und Geschwister:

> **Ich will meine Ruhe haben!** Dauernd klopft die kleine Schwester an seine Tür und will mit ihm spielen. Der ältere Bruder möchte aber lieber allein sein und in Ruhe seinen Gedanken nachhängen. Kleine Schwestern stören dabei. Also lässt er sie klopfen.
> **Stören verboten.** Der Zauberer nimmt den Zwerg gefangen – ausgerechnet in diesem Moment muss die Mutter ihre Tochter beim Lesen stören. Wirklich ärgerlich! Wieso verstehen Erwachsene nicht, dass auch Kinder ihre Ruhe haben möchten?

Weil es sich gerne zurückzieht, oft unzugänglich ist, mangelt es einem Schlaukopf-Kind manchmal an der Fähigkeit, bei anderen positive Gefühle zu wecken. Sein Rückzug kann in Beziehungslosigkeit enden – einem Zustand, der einem Schlaukopf-Kind zwar missfällt, den es aber trotzdem nicht ändern kann oder will.

### NICHT UNTER DRUCK SETZEN

Autoritäre Erwachsene, die ein Kind mit Aussagen unter Druck setzen wie: »Hier bestimme ich!«, ohne eine Erklärung mitzuliefern, können einen Schlaukopf-Typen in Panik versetzen. Willkür macht ihm besonders zu schaffen.

**ALLE SIND ANDERS!**
Wer einen Schlaukopf-Typen nach seinem Befinden befragt, bekommt nicht selten zu hören: »Mich versteht keiner!« Oder: »Alle sind so anders als ich!« Zeigen Sie ihm, dass Beziehungen seinem Autonomiestreben nicht im Wege stehen.

## Alles unter Kontrolle

Dem Leben ausgeliefert sein, Dinge auf sich zukommen und fünfe gerade sein lassen? Das ist nichts für ein Schlaukopf-Kind, denn es fühlt sich nur dann wohl und vor allem sicher, wenn es die Dinge des Lebens unter Kontrolle hat.

> **Einen Überblick gewinnen.** Er ist neu in der Klasse. In der ersten Zeit hält sich der Siebenjährige zurück, beobachtet seine Mitschüler und studiert, was diese Gemeinschaft ausmacht: Wer hat das Sagen und warum? Wer ist eher außen vor und warum? Erst nachdem er sich ein Bild gemacht hat und in etwa weiß, wie der Hase hier läuft, verlässt er seinen Beobachterposten und versucht, seine Position im Klassengefüge einzunehmen.

Wenn ein Schlaukopf-Kind alles im Blick hat, fühlt es sich sicherer. Ist das Leben unter Kontrolle und droht nichts Unvorhergesehenes, wird alles gut werden, so seine Meinung. Gefühle allerdings lassen sich nicht kontrollieren. Deshalb lässt ein Schlaukopf-Kind Gefühle nur ungern an sich heran und meidet es erst recht, eigene Gefühle zu zeigen. Es »frisst« alle Emotionen in sich hinein und zeigt sich dabei nach außen in der Regel betont gleichgültig.

## Freude an Systematik

Wie das Abenteuer-Kind ist auch der Schlaumeier ein leidenschaftlicher Sammler, nimmt aber nicht einfach das mit, was er am Wegesrand findet, sondern sucht gezielt nach auserwählten Sammelstücken, die dann wohl geordnet verstaut werden: Briefmarken kommen in Briefmarkenalben. Münzen in verschiedene Schachteln. Getrocknete und gepresste Blumen in Pflanzenalben. Die Dinge werden sortiert und beschriftet:

> **Bloß nichts durcheinanderbringen.** Die Sechsjährige sammelt Fußballbilder, die sie in Briefumschlägen vorsortiert, bevor die Bilder ins entsprechende Album geklebt werden. Schrecklich, wenn ihre kleine Schwester heimlich in ihren Schubladen wühlt und die Bilder durcheinanderbringt.

Und wenn ein Ding nicht ins System passt? Dann erwacht der kindliche Ehrgeiz, und es wird ein neues System installiert – eine reizvolle Aufgabe für einen schlauen Fuchs.

# Ordentliches Chaos

Ein Schlaukopf-Kind ist zwar ein begeisterter Systematiker, aber nicht unbedingt ordentlich: In seinem Zimmer kann Chaos herrschen. Dies ist jedoch kein wahlloses Durcheinander, denn der Schlaumeier findet sofort, was er sucht – ganz anders als beim Abenteuer-Kind, dessen Chaos ein Fass ohne Boden ist (siehe Seite 101):

> **Chaos mit System.** Nie wird er sein Hausaufgabenheft in diesem Durcheinander aus Büchern und Heften finden, davon ist die Mutter des Siebenjährigen überzeugt, als sie den vollgekramten Schreibtisch ihres Sohnes inspiziert. Irrtum. Nur ein Griff, und schon angelt der Sohn das Hausaufgabenheft aus dem Lesebuch. Genau da hebt er es immer auf.

Schlaumeier wollen ihr eigenes Ding machen, auch in puncto Ordnung. Besserwissende Erwachsene, die ihnen sagen, wo's in Sachen Ordnung langgeht, können sie nicht gebrauchen.

---

**GU-ERFOLGSTIPP**   SCHMUSEN AUF ANDERE ART

Viele Schlaukopf-Kinder halten nicht viel von Schmusen und Streicheleinheiten und signalisieren das ihren Eltern bereits im Kleinkindalter: »Ich habe keine Lust, auf deinem Schoß zu sitzen!« Oder: »Ich mag mich nicht drücken lassen!« Und: »Ich will kein Küsschen bekommen!«

Natürlich haben sie ihre Eltern und Geschwister lieb, aber sie haben kein ausgeprägtes Bedürfnis, ihre Liebe zu zeigen. Dieses Auf-Abstand-Gehen stößt nicht unbedingt auf Verständnis. Viele Mütter und Väter fühlen sich abgelehnt. Oft wenden sie sich dann einem zugänglicheren, verschmusteren Geschwisterkind zu mit der Folge, dass das Schlaukopf-Kind sich zurückgesetzt fühlt und glaubt: Meine Eltern haben mich nicht so lieb wie die anderen! Dieser Resignation können Eltern begegnen, indem sie ihrem Schlaukopf ihre Liebe auf andere Weise als durch Körperkontakt zeigen: Reden Sie viel mit Ihrem Kind. Fragen Sie nach seinen Ideen und Vorstellungen. Machen Sie mit ihm Spiele, die Köpfchen verlangen. Gehen Sie auf seine besonderen Interessen ein. Fahren Sie mit ihm in Museen, in Bibliotheken. Mit diesen Aktionen können Sie dem Gefühl von Beziehungslosigkeit und Einsamkeit entgegenwirken, unter dem mancher Schlaumeier doch sehr leidet.

# Was ein Schlaukopf-Kind braucht

**Ein Schlaukopf-Kind ist permanent auf der Suche** nach anspruchsvoller geistiger Nahrung und langweilt sich schnell, wenn es keine Herausforderungen zu bestehen hat. Seine Eltern sind gut damit beschäftigt, es auf seinem Weg zu begleiten. Einerseits sollten Sie ihm immer neue, seinem jeweiligen Alter entsprechende Aufgaben und Entwicklungsanreize verschaffen, andererseits sollten Sie behutsam gegensteuern und versuchen, Ihr Kind für weniger kopflastige Anreize zu interessieren.

## Für geistige Nahrung sorgen

Ein Schlaukopf-Kind ist an allem interessiert und fragt bereits im Vorschulalter ohne Ende: »Warum muss ich geimpft werden?« – »Warum soll ich heute eine Jacke anziehen?« Jede Antwort bringt ihm neue Erkenntnisse.

> Nehmen Sie die Fragen Ihres Schlaukopf-Kindes ernst, und beantworten Sie sie geduldig. Denken Sie sich gemeinsam ungewöhnliche, absurde oder lustige Fragen aus wie zum Beispiel: »Wie wiege ich einen Elefanten?«

> Ein Schlaukopf-Typ kostet Kraft, weil er immer neue Fragen hat. Permanent mit den Ansprüchen des Kindes konfrontiert werden? Nicht alle Eltern können und mögen das. Mitunter werden die Bedürfnisse des Kindes mit einem »Später« zur Seite gewischt. Für ein Schlaukopf-Kind ist das eine bittere Erfahrung: Es fühlt sich allein gelassen. Fertigen Sie Ihr Kind nicht kurz ab, sondern erklären Sie ihm, warum Sie zwischendurch Verschnaufpausen brauchen, um danach wieder bereitwillig zur Verfügung zu stehen. Treffen Sie klare Verabredungen wie: »Jetzt brauche ich Zeit für mich. Später bin ich wieder für dich da!«

> Ein Schlaukopf-Kind freut sich auf die Schule. Aber viel zu häufig langweilt es sich in den ersten Schuljahren nur bei einfachen Schreibübungen und Lesetraining. Wirken Sie einer Unterforderung entgegen: Regen Sie Diskussionen an, welche die Meinungsbildung und -äußerung und damit die Denk- und Sprachentwicklung fördern. Sprechen Sie mit Ihrem Kind über Themen, die sich im Alltag anbieten: über die Stadt, in der Sie leben. Über das Land, in dem Sie Urlaub machen …

> Sorgen Sie für Gesprächsstoff, indem Sie gemeinsam mit Ihrem Kind fernsehen, Kino und Theater besuchen, vielleicht auch Konzerte. Gehen Sie anschließend nicht gleich zum Alltag über, sondern teilen Sie Ihre Eindrücke mit, und fragen Sie Ihr Kind nach seinen. Sprechen Sie über Ihre Gedanken und Gefühle. Nehmen Sie solche Erlebnisse zum Anlass, den Stoff weiterzuspinnen, zu variieren.

> Locken Sie Ihr Kind ab und zu aus seinem Elfenbeinturm, und fördern Sie als Gegengewicht zu seinen geistigen seine körper-

**TIPP: Museumsbesuche**

Gehen Sie mit Ihrem Kind häufiger in Museen. Beim Betrachten der Ausstellungsobjekte kann es seinen Wissensdurst stillen, Fragen stellen und Antworten finden.

lichen und sozialen Fähigkeiten. Beim Mannschaftssport im Fußballverein. Bei Radtouren. Beim Bergwandern. Wenn es sich aber weigert, dem Fußballverein beizutreten, dann respektieren Sie die Entscheidung Ihres Kindes und drängen es nicht.

## Auf die Individualität eingehen

Ein Schlaukopf-Kind hat seinen eigenen Kopf. Sein Einzelgänger-Lebensstil befremdet Kinder oft ebenso wie Erwachsene.

> Achten Sie die inneren Motive und den besonderen Lebensstil Ihres Kindes, lassen Sie Ihrem Kind seinen Eigensinn, und respektieren Sie ihn. Verzichten Sie darauf, ihm Kontakte zu Altersgenossen schmackhaft zu machen mit Sätzen wie: »Geh auf andere zu!« Ein Schlaukopf-Typ braucht Zeit, bis er vorsichtig Kontakt aufnimmt. Seine Autonomie ist ihm lieb und teuer.

> Wie die meisten Kinder mag auch ein Schlaukopf-Typ keine gravierenden Veränderungen in seinem Leben. Warum ein Umzug in ein anderes Stadtviertel, wenn er nicht unbedingt sein muss? Warum eine Patchwork-Familie, wenn man sich keine neuen Geschwister wünscht? Warum Ferien in Italien, wenn sich die Familie in den Jahren zuvor an der Ostsee immer pudelwohl gefühlt hat? Bekommt ein Schlaukopf-Kind keine rational nachvollziehbare Erklärung, gibt es sich gerne extra cool, betont unabhängig und versteckt seine Betroffenheit hinter dieser Mauer. Verzichten Sie darauf, gegen diese Mauer anzurennen. Lassen Sie Ihrem Kind Zeit, die Mauer selbst zu überwinden und Veränderungen zu akzeptieren. Bieten Sie ihm dabei behutsam Ihre Gesprächsbereitschaft an.

> Fördern Sie die soziale Kompetenz Ihres Kindes. Sensibilisieren Sie Ihr Kind für die Gedanken, Gefühle, Verhaltensweisen seiner Mitmenschen, unterstützen Sie seine Beziehungen zu Kindergartenkindern, Mitschülern und Nachbarskindern.

---

**TIPP: Übertragen Sie Ihrem Kind Verantwortung in der Gruppe**

Lassen Sie nicht zu, dass Ihr Schlaukopf-Kind in seiner Scheu vor Kontakten einen Bogen um jede Gruppe macht. Manches Schlaukopf-Kind wird gruppentauglicher, wenn es sich gefordert fühlt, wenn es der geistige Kopf der Gruppe sein darf. Gelingt es, seine Selbstisolation vorsichtig aufzuweichen und den Rückzug aus mitmenschlichen Beziehungen zu stoppen, dann nehmen Sie ihm das miese Gefühl: Mich will keiner. Mich versteht keiner.

---

> Ein Schlaukopf-Kind empfindet Familienfeste, Geburtstage und andere Gemeinschaftsveranstaltungen als Belastung, und es katapultiert sich bei Gruppenaktivitäten häufig an den Rand, fühlt sich in dieser Position aber längst nicht immer wohl. Deshalb: Lassen Sie nicht zu, dass sich Ihr Kind selbst zum Außenseiter macht. Holen Sie es zu geselligen Anlässen regelmäßig hinzu: gemeinsame Mahlzeiten, gemeinsame Ausflüge mit der Familie und/oder dem besten Freund. Hilfsmittel dabei: Rituale und feste Gewohnheiten wie etwa ein gemeinsamer Spieleabend am Sonntag. Oder das Treffen mit den Großeltern einmal im Monat.

## Die Begeisterung für strukturiertes Denken aufgreifen

Daten ordnen und gliedern, vorhandene Systeme verfeinern, neue Kategorien, Gruppen und Untergruppen einführen – auf diese Weise macht sich ein Schlaukopf-Kind ein Bild von den Gesetzen, die unsere Welt bestimmen. Um alles unter Kontrolle zu haben, macht es gern Pläne, die ihm als Orientierungsraster dienen: »Was steht heute auf dem Programm?« – »Was wird in ein paar Tagen auf mich zukommen?« Hat es die Pläne fix und fertig im Kopf, sind diese ein solides Fundament für sein Wohlbefinden. Wie können Eltern diese Basis stärken?

> Gehen Sie auf das Bedürfnis Ihres Kindes nach Übersichtlichkeit, Struktur und vorausschauender Planung ein. Machen Sie mit ihm gemeinsam Pläne. Ein Schlaukopf-Kind will nicht impulsiv loslegen, sondern sich seine Gedanken machen, bevor es sich auf Erlebnisse einlässt. Nehmen Sie dieses Bedürfnis ernst. Vielleicht schmieden Sie gemeinsam mit ihm Pläne für die kommende Woche, planen den ganzen Monat per Kalender und machen auch Pläne für die Zukunft. Halten Sie sich an getroffene Verabredungen, damit Ihr Schlaukopf-Kind daraus die Sicherheit gewinnen kann, die es sich wünscht.

> Animieren Sie Ihr Kind mithilfe von Experimentierkästen zu naturwissenschaftlichen Experimenten. Bieten Sie ihm technisches Spielzeug an wie etwa ausgetüftelte Konstruktionsbau-

**TIPP: Klarheit und Zuverlässigkeit**

Mit seinem Wunsch nach Klarheit und Zuverlässigkeit hat es ein Schlaukopf-Kind in unseren unverbindlichen Zeiten, da Verabredungen ungern getroffen werden, nicht leicht. Mobilität? Flexibilität? Nicht unbedingt sein Ding. Umso wichtiger, dass zu Hause Verbindlichkeit und Zuverlässigkeit gelten.

kästen. Regen Sie Hobbys an, die auch Köpfchen verlangen, lassen Sie Ihr Kind ein Instrument spielen und dabei Strukturen begreifen.

> Verschaffen Sie Ihrem Kind Anregungen, die sein Bedürfnis nach Struktur und Klarheit beim Denken befriedigen wie etwa Strategie- und Logikspiele oder mathematische Rätsel, die Sie von einfach bis anspruchsvoll in entsprechenden Büchern finden. Einige Klassiker: Spiele mit Münzen, mit Zahlen, mit Streichhölzern. Manches Schlaukopf-Kind lässt sich schon zu Grundschulzeiten fürs Schachspiel begeistern. Überschütten Sie Ihr Kind aber nicht mit Anregungen. Bleiben Sie möglichst im Hintergrund. Ihr Kind findet selbst heraus, was geeignet oder ungeeignet ist.

> Ein Schlaukopf hat seine eigenen inneren Systeme, in die er seine Erfahrungen einordnet, und genauso hat er auch seine eigenen äußeren Ordnungssysteme. Einen eigenen Schrank in seinem Zimmer. Einen Ranzen für seine Schulsachen. Ein Federmäppchen für seine Stifte ... Schlimm ist es für ein Schlaukopf-Kind, wenn seine Mutter ihm ihre eigene Ordnung aufzwingt und mit Bemerkungen das Leben schwermacht wie: »Wieso sind die Bauklötze in drei verschiedenen Schachteln? Die kommen jetzt alle zusammen in einen Korb!« Oder: »Warum legst du die Socken zu den T-Shirts? Die haben doch nichts miteinander zu tun. Das wird jetzt geändert!« Üben Sie sich lieber in Zurückhaltung, lassen Sie Ihrem Kind nach Möglichkeit seine eigene Ordnung.

## Über Gefühle reden

Freude? Spaß? Wut? Enttäuschung? Traurigkeit? Ein Schlaukopf-Typ will Gefühlen, vor allem den belastenden, keine Beachtung schenken, setzt sich generell nur ungern mit seinen eigenen Gefühlen und den Gefühlen anderer auseinander. Der Grund: Gefühle sind ihm nicht geheuer, denn man kann sie nicht wiegen, nicht messen, und mit Logik kommt man ihnen auch nicht bei. In den Augen eines Schlaukopf-Kindes sind Gefühle einfach »gefährlich«, denn sie lassen sich nicht kontrollieren. Weil einem Schlaukopf-Kind Berechenbarkeit aber immens wichtig ist, duckt es sich bei Gefühlsdingen lieber weg nach der Devise »Darum mache ich einen großen Bogen!« Wie sollten Sie darauf reagieren?

> Fördern Sie die emotionale Entwicklung Ihres Kindes, versuchen Sie, die Diskrepanz zwischen intellektueller und emotionaler Reife zu mindern. Steuern Sie gegen, indem Sie immer mal wieder Ihrem Kind die eigenen Gefühle zeigen, es aber

---

### COMPUTERSPIELE

Es schert einen Schlaukopf nicht besonders, ob die Erwachsenen für oder gegen seine Computerbegeisterung sind. Der Aufbau eines Computers, seine unterschiedlichen Systeme – alles zusammen mehr als faszinierend für ein so geordnetes, rationales Wesen wie ein Schlaukopf-Kind. Klar, dass es sich damit ausgiebig beschäftigen muss. Es will die verschiedenen Spiele und Programme nicht nur ausprobieren, sondern freut sich schon im Grundschulalter darauf, später die verschiedenen Systeme durchschauen zu können – irgendwann wird es alt genug dazu sein. Und dann wird es seine eigenen Programme entwickeln! Es weiß schon jetzt: Der Computer ist mein Ding.

> Unterstützen Sie Ihr Kind einerseits in seiner Begeisterung, denn der Computer entspricht seinen Neigungen – nachvollziehbar, dass es ihn gründlich erforschen möchte.

> Bieten Sie ihm andererseits regelmäßig ein spannendes Gegenprogramm an: Strategiespiele, knifflige Gesellschaftsspiele. Sinn der Sache: Zeigen Sie, dass auch das normale Leben so spannend sein kann.

> Setzen Sie Ihrem Kind ein Zeitlimit: Eine Stunde pro Tag vorm Computer reicht.

Ihr Schlaukopf-Kind muss lernen, die Balance zu wahren zwischen der Beschäftigung mit virtuellen Welten und der Beschäftigung mit der realen Welt.

nicht mit Ihren Selbstoffenbarungen überfluten. Leben Sie Ihrem Schlaukopf-Kind vor, dass Gefühle nicht für Verwirrung sorgen müssen, sondern eine Bereicherung sind. Alle Kinder brauchen diese Rückmeldungen, Schlaumeier besonders – auch als Gegengewicht, weil sie von anderen vorschnell als wenig einfühlsam abgestempelt werden. Aber erwarten Sie keine Gefühlsoffenbarung von Ihrem Kind.

> Machen Sie Ihr Kind auf die Gefühle anderer aufmerksam. Beim Spielen. Beim Fernsehen. Beim Einkaufen…

> Versuchen Sie von Zeit zu Zeit, durch das Hören gefühlsbetonter Musik Gefühle aus Ihrem Kind hervorzulocken.

> Eine weitere Möglichkeit, Ihr Kind für seine Gefühle zu sensibilisieren, sind Rollenspiele, bei denen Sie Handpuppen gefühlsbetonte Geschichten spielen lassen. Oder lesen Sie Ihrem Kind Geschichten vor, in denen von Gefühlen die Rede ist (wie im Märchen »Rumpelstilzchen«).

> Machen Sie Ihrem Kind behutsam begreiflich, dass man Gefühle nicht rational in den Griff bekommen kann. Denn das versucht ein Schlaukopf-Typ, etwa mithilfe von Regeln: »Wenn ich traurig bin, schaue ich fern und lenke mich ab!« – »Wenn ich wütend bin, mache ich Mathehausaufgaben und vergesse dabei meine Wut!« Wer sich an solche Regeln hält, kommt auch mit seinen Gefühlen klar, meint der Schlaukopf-Typ. Aber hier täuscht er sich. Wird er allerdings darauf hingewiesen, kann er ärgerlich bis aggressiv reagieren. Der Grund: Er hat Angst, die Kontrolle zu verlieren. Genau diese Erfahrung – Angst vor Kontrollverlust – ist für jeden Schlaukopf-Typen eine Bedrohung. Die Folge: Das zurückhaltende und vernünftige Schlaukopf-Kind regt sich fürchterlich auf (vielleicht sogar aus nichtigem Anlass) und fährt aus der Haut. Bekommt einen Wutanfall. Schreit. Läuft weg. Heult. Beschuldigt andere. Ist keinem Gespräch mehr zugänglich. Bewahren Sie in solchen Momenten die Ruhe. Bedrängen Sie es nicht mit langen Erklärungen und Zärtlichkeiten. Seien Sie einfach nur präsent: freundlich, zugewandt, gesprächsbereit. Unterstützen Sie Ihr Schlaukopf-Kind in seinem Bemühen um Kontrolle, denn es

## HARTE SCHALE – WEICHER KERN

Auch wenn sich ein Schlaukopf-Typ gerne cool gibt und so tut, als sei er unabhängig vom Rest der Welt, schimmert mitunter durch, dass es ihm bisweilen einsam und ängstlich zumute ist.

braucht die Erfahrung »Ich habe alles im Griff!«, um sich sicherer zu fühlen, gewappnet gegen die Widrigkeiten des Lebens.

> Trennung der Eltern, Tod der Großeltern – wenn ein Schlaukopf überraschende Verluste hinnehmen muss, die er kaum verkraftet, bleibt er ruhig, gibt sich gerne extracool und tut so, als berühre ihn der Verlust kaum. Er verschwindet hinter einer Fassade, wird immer unzugänglicher, baut eine Mauer um sich und seine Gefühle. Weil sie nicht mehr an ihn herankommen, verstehen Erwachsene sein Verhalten oft falsch: »Scheint ihm ja nicht so viel auszumachen!« Irrtum! Versuchen Sie, die Mauer zu durchbrechen, signalisieren Sie Ihrem Kind, dass Sie ihm zur Seite stehen, gesprächsbereit sind. Manchmal hilft es, über seine eigenen Gefühle zu berichten.

## Den Leistungsdruck mindern

Ein Schlaukopf-Kind gilt bei anderen dank seiner speziellen Wesensart und seines komplizierten Verhaltens schnell als »schwierig«. Weil es sich gerne in Bücher vergräbt und seine geistigen In-

### GU-ERFOLGSTIPP    DIE BEZIEHUNGSFÄHIGKEIT STÄRKEN

Abenteuer-Kind und Schlaukopf-Kind haben ein großes gemeinsames Thema: Sie sind vor allem auf Autonomie aus, ihre Entwicklung wird durch das Bedürfnis nach Unabhängigkeit geprägt. Ihre Beziehungsfähigkeit ist dagegen weniger ausgebildet. Das Beste, das Sie für Ihr Kind tun können, wenn es zu den Ich-Experten zählt: Stärken Sie seine Beziehungsfähigkeit, indem Sie ihm immer wieder zu verstehen geben: Deine Unabhängigkeit bleibt Dir erhalten, aber kümmere dich auch um Kontakte und Beziehungen. Im Kindergarten. In der Schule. Zu Hause. Vermitteln Sie Ihrem Kind die Bot-

schaft: Sei dir bewusst, dass du Glied in einer Kette bist. Entwickle deine Kontaktfähigkeit. Pflege sie, indem du Interesse an anderen entwickelst: bei Mannschaftsspielen, bei gemeinsamen Ausflügen – wo auch immer. Und zeigen Sie ihm gleichzeitig beim Spielen, beim Reden, beim Sport, warum seine speziellen Stärken – Autonomie, Selbstständigkeit – das Leben ebenfalls bereichern. Üben sie gemeinsam, beide Lebensbereiche in Einklang zu bringen, indem Sie ab und zu auf Abstand gehen und Ihren Lebensstil auf den Prüfstand stellen: Wie läuft die Entwicklung?

teressen pflegt, entstehen Probleme: In seiner intellektuellen Entwicklung den Altersgenossen weit voraus, hinkt es in seiner emotionalen Entwicklung nicht selten hinterher. Eine mögliche Folge dieser Diskrepanz: Stress.

> Vorsicht! Seien Sie als Eltern nicht überehrgeizig. Damit erhöhen Sie den Druck nur. Wenn es überfordert wird, besteht die Gefahr, dass die schulischen Leistungen des Kindes nachlassen. Es blockiert bei Schulaufgaben. Resigniert. Reagiert verunsichert. Und weil es seine Leistungen nicht mehr perfekt im Griff hat, wird es vielleicht sogar krank. Sorgen Sie deshalb unbedingt immer wieder für Entspannung.

> Helfen Sie Ihrem Schlaukopf-Kind, indem Sie selbst Ruhe ausstrahlen, Ihre Gelassenheit seinem Stress entgegensetzen. Beweisen Sie Ihrem Kind glaubhaft, dass es nicht von A bis Z perfekt funktionieren muss. Leben Sie in der Familie vor, dass Leistung nicht alles ist. Viel wichtiger zum Beispiel: der Zusammenhalt in der Familie. Auf den muss Verlass sein, nach dem Motto: »Zusammen sind wir stark!«

> Vor allem wenn es unter Strom steht, neigt ein Schlaukopf-Kind zu langen Monologen und Endlosfragen. Nehmen Sie sich Zeit für Ihr Kind. Lassen Sie sich möglichst häufig auf Gespräche ein. Sprechen Sie Themen an, die Ihr Kind betreffen, aber übernehmen Sie nicht vorschnell die Gesprächsführung. Lassen Sie vor allem Ihr Kind zu Wort kommen. Hören Sie geduldig zu, wenn es erzählt, erklärt… Unterbrechen Sie es nicht, selbst dann nicht, wenn es ziemlich altklug daherredet (was häufiger vorkommt).

> Nachvollziehbar ist, dass ein Schlaukopf-Kind mit seinem ausufernden Reden und gründlichen Nachdenken bei Gleichaltrigen eher auf Unverständnis stößt. Umso wichtiger ist, dass es von seinen Eltern so angenommen wird, wie es ist. Auch ein Schlaukopf-Typ mag nicht als schwierig oder

## ÜBERTRIEBENER LEISTUNGSANSPRUCH

Aufgrund seines hohen Anspruchs an sich selbst setzt sich ein Schlaukopf-Kind gerne selbst unter Leistungsdruck und zwar vor allem in Krisensituationen. Dann verdoppelt es seine Anstrengungen, weil es glaubt, Krisen und Stress mit Hilfe guter Leistungen überwinden zu können. Dieser hohe Leistungsanspruch macht es verletzbar: Enorm abhängig von Erfolgserlebnissen leidet jedes Schlaukopf-Kind, wenn es seine eigenen Leistungsanforderungen und die seiner Eltern nicht perfekt erfüllt.

altklug abgestempelt, sondern mit seinen Eigenarten angenommen werden.
> Halten Sie sich mit Kritik zurück. Sensibilisieren Sie Ihr Kind aber gleichzeitig behutsam für andere Lebensstile. Leben Sie ihm vor, wie Gespräche ablaufen, Kontakte gepflegt werden sollten: Auch Gesprächspartner wollen zu Wort kommen, wünschen sich Zuhörer. Machen Sie ihm vorsichtig begreiflich, dass lange Vorträge schnell langweilen.
> Geben Sie Ihrem Schlaukopf folgenden Spruch mit: »Aus Fehlern wird man klug, darum ist einer nicht genug.« Diesen Satz verstehen Schlaukopf-Kinder sofort, das wirkt dem Perfektionismus entgegen und mindert den Leistungsdruck.
> Wichtig: Verzichten Sie darauf, Ihrem Kind seine hohen Ansprüche auszureden, denn genau das kann eine verhängnisvolle Spirale in Gang setzen. Ihr Kind fühlt sich dann unverstanden und gibt erst recht Gas nach dem Motto: »Andere haben mir gar nichts zu sagen!« Versuchen Sie lieber, es in kleinen Portionen zum Umdenken zu bringen.

## DAS KINDERZIMMER EINES SCHLAUKOPF-KINDES

Das Schlaukopf-Kind wünscht sich Übersichtlichkeit in seinem Zimmer:
> Kalender auf dem Schreibtisch, Federmäppchen und Notizblock, dazu ein paar Ablagekästen für Arbeits- und andere Blätter.
> Im Regal bewahrt es seine Experimentierkästen auf, vielleicht auch ein Schachspiel.
> Wichtig sind ihm seine Bücher mit Denksportaufgaben.

Sehr viel mehr braucht ein Schlaukopf-Kind nicht. Stofftiere? Dekoration? Alles nicht so wichtig.

# Bücher, die weiterhelfen

Juul, J., Aus Erziehung wird Beziehung. Authentische Eltern – kompetente Kinder; Herder

Largo, R. H., Kinderjahre. Die Individualität des Kindes als Herausforderung; Piper

## AUS DEM GRÄFE UND UNZER VERLAG:

Bentheim, A./Murphy-Witt, M., Was Jungen brauchen

Ettrich, Prof. Dr. med. C./Murphy-Witt, M., AD(H)S – was wirklich hilft

Herold, S., 300 Fragen zur Erziehung und 300 Fragen zur Pubertät

Kast-Zahn, A., Jedes Kind kann Regeln lernen

Kunze, P./Salamander, C., Die schönsten Rituale für Kinder

Nitsch, C./Hüther, Prof. Dr. G., Kinder gezielt fördern und Wie aus Kindern glückliche Erwachsene werden

Stamer-Brandt, P./Murphy-Witt, M., Das Erziehungs-ABC: von Angst bis Zorn

# Adressen, die weiterhelfen

## Arbeitskreis Neue Erziehung e. V.

Boppstraße 10
10967 Berlin
www.ane.de
www.aktiv-fuer-kinder.de

## Bundesarbeitsgemeinschaft Elterninitiativen (BAGE) e. V.

Landwehrstraße 60–62
80336 München
www.bage.de

## Bundeskonferenz für Erziehungsberatung e. V.

Herrnstraße 53
90763 Fürth
www.bke.de

## Deutscher Kinderschutzbund Bundesverband e. V.

Schöneberger Straße 15
10963 Berlin
Elterntelefon: 08 00 – 1 11 05 50

## ÖSTERREICH

### Bundesministerium für Gesundheit, Familie und Jugend

Radetzkystraße 2
1030 Wien
www.bmgfj.gv.at

## SCHWEIZ

### Elternnotruf Zürich

Weinbergstraße 135
8006 Zürich
www.elternnotruf.ch

## TIPPS ZUR ERZIEHUNG:

www.eltern.de
www.familienhandbuch.de

# Sachregister

## A

Abenteuer 94
Abenteuer-Kind 81–101
Abenteuerspielplatz 10, 13
Achtung 19
Actionfilme 94
Alltagshektik 13
Angeben 13
Ängstlichkeit 71
Anpassungsfähigkeit 43
Aufmerksamkeit 47, 49, 55
Ausdauer 34
Autogenes Training 72
Autonomie 26, 54, 95, 112, 116, 121

## B

Baby 9
Bates, Marylin 28
Begeisterung für strukturiertes Denken 117
Begeisterungsfähigkeit 93
Belehrung, Freude an 109
Bewegungsfreude 34, 93, 98
Bewegungsspiele 93, 98
Beziehungen 10, 14, 20, 37, 38, 39, 43, 45, 46, 49, 51, 54, 60, 65, 67, 73, 112
Beziehungsfähigkeit 121
Beziehungslosigkeit 111, 113
Bezugspersonen 10, 13
Briggs-Meyers, Isabel 28

## C

Chaos 101, 113
Computer 17, 75
Computerspiele 94, 119

## D

Dauerfragen 105
Detailwissen 78
Diskussionen 23, 74
Doppelbotschaften 20

## E

Ehrgeiz 122
Eigenständigkeit 110
Einfühlungsvermögen 32, 41
Einsatzfreude 69 f.
Endlosfragen 122
Engagement 31, 61
Erfahrungen sammeln 16
Erfahrungshunger 13
Erholungspausen 72
Erlebnishunger 30 f., 84 f.
Erziehung, Grundlagen 18 ff.
Erziehungsprobleme 23
Essen, Faible fürs 83

## F

Faktenwissen 65, 78
Familie 13, 26, 27, 29, 40, 47, 49, 51, 76, 78, 122
Familienfeste 50, 117
Fantasiereise 57
Fehler (der Eltern) 20, 22
Fernseher 17
Freiheitsdrang 95

## G

Galen 28
Gefälligkeiten 64 f.
Gefühle 119
Geselligkeit 30
Glücksbringer 56
Grenzen 21, 95 f.
 –, Infragestellen der 21 f.
Grundbedürfnisse 9, 19

## H

Hartnäckigkeit 107
Hausaufgaben 96, 97
Hilfsbereitschaft 32, 42

## I

Ich-Experten 25 f., 81–123
Impulsivität 89
Individualität eines Kindes 8, 9
Instrument lernen 118
Interesse, breit gefächertes 105

## J

Jung, C. G. 28
Jungen 12

## K

Keirsey, David 28
Kinder-Typ bestimmen 27, 30–35
Kinder-Typen 24 ff.
Kinderzimmer
 – eines Abenteuer-Kindes 101
 – eines Pflicht-Kindes 79
 – eines Schlaukopf-Kindes 123
 – eines Sensibel-Kindes 57
Kompetenz 35
Konservative Grundhaltung 67
Kontaktfähigkeit, einge- schränkte 111, 116
Kontaktfreude 32, 37,39, 40, 46, 67
Konsequenzen 20
Körpersprache, eindeutige 22 f.
Kreativität 41
Krisen 52

## L

Langeweile 88, 114
Leistungsdruck 121 f.
Liebeserklärung an das Kind 19
Lob 20
Lügen 66

## M

Machtkämpfe 20, 74
Mädchen 12
Musik 90, 120

## O

Ordnungsdrang 74
Ordnungsliebe 66
Organisationstalent 62

## P

Patchwork-Familie 116
Perfektionismus 108, 123
Pflichteifer 63
Pflicht-Kind 59–79
Praktische Ader 61
Pünktlichkeit 76

## R

Redelust 47
Regeln 20, 21, 74, 95 f.
Reizüberflutung 12
Respekt 22
Risiko 97
Rituale 75
Rollenspiele 27, 77, 120
Rollentausch 85
Rückzug 111
Ruhephasen 13

## S

Sammelleidenschaft 34, 84, 93, 112
– für Fakten 78
Schachspiel 118
Schlaukopf-Kind 103–123
Schmusebedürfnis 113
Schulangst 56
Schuldgefühle 22
Schule 79, 85
Schwärmerische Ader 39 f.
Selbstbewusstsein, übertriebenes 23
Selbsterfahrungen 16
Selbstgefühl 14 ff., 46, 56, 67, 68
Selbstständigkeit 15, 16, 30, 95, 104, 121
Sensibel-Kind 37–57
Sinne 11
Sinnenfreude 83
Sinneserfahrungen 11
Spielideen 93
Sprachbegabung 40
Strategiespiele 118
Stress 13, 83
Sturheit 110

## T

Tagträume 56
Tod eines geliebten Menschen 52, 121
Traumwelt 13
Trennung der Eltern 52, 98, 121
Typenlehren 28

## U

Umfeld, anregendes 10
Ungeduld 88 f.
Unterforderung (in der Schule) 115
Unternehmungslust 85

## V

Verantwortungsbewusstsein 33, 62, 76
Verschnaufpausen 115
Vier Elemente 28
Vier Temperamente 28
Vorbild 10, 22, 39, 43, 54, 71

## W

Wagemut 86
Wahrnehmungsfähigkeit 15, 43, 100
Wertschätzung 19, 20
Wir-Experten 25 f., 37–79
Wissensdurst 105, 115

## Y

Yoga 72

## Z

Zuverlässigkeit 63, 76
Zuwendung 55

# Impressum

© 2009 GRÄFE UND UNZER VERLAG GmbH, München

Alle Rechte vorbehalten. Nachdruck, auch auszugsweise, sowie Verbreitung durch Bild, Funk, Fernsehen und Internet, durch fotomechanische Wiedergabe, Tonträger und Datenverarbeitungssysteme jeder Art nur mit schriftlicher Genehmigung des Verlages.

**Programmleitung:** Ulrich Ehrlenspiel

**Redaktion:** Reinhard Brendli

**Lektorat:** Irmela Sommer

**Bildredaktion:** Henrike Schechter

**Layout:** independent Medien-Design, Claudia Hautkappe

**Herstellung:** Petra Roth

**Satz:** Uhl + Massopust, Aalen

**Lithos:** Repro Ludwig, Zell am See

**Druck:** Firmengruppe APPL, aprinta druck, Wemding

**Bindung:** Firmengruppe APPL, sellier druck, Freising

ISBN 978-3-8338-1464-8

1. Auflage 2009

## Bildnachweis

Fotos:
Corbis: S. 6, 18, 46, 58 (und Folder, Vorderseite rechts), 60, 80 (und Folder, Rückseite links); Getty: vordere Umschlagseite (und Umschlagseite Folder), S. 8, 24, 82, 104, hintere Umschlagseite (außer: rechts); GU-Archiv: S. 1, 102 (und Folder, Rückseite rechts) (Sandra Seckinger), 68 (Susanne Krauss); Jump: S. 38; Dr. Christine Kaniak-Urban: S. 4 (oben); Mauritius: S. 92; Cornelia Nitsch: S. 4 (unten); Picture Press: S. 3, 36 (und Folder, Vorderseite links); Plainpicture: S. 114, hintere Umschlagseite (rechts)

Illustrationen: Belicta Castelbarco

## Wichtiger Hinweis

Alle Ratschläge in diesem Buch wurden von den Autorinnen sorgfältig recherchiert und in der Praxis erprobt. Dennoch können nur Sie selbst entscheiden, ob und inwieweit Sie diese Vorschläge mit Ihrem Kind umsetzen können und möchten. Lassen Sie sich in allen Zweifelsfällen zuvor durch einen Arzt oder Therapeuten beraten.
Weder Autorinnen noch Verlag können für eventuelle Nachteile oder Schäden, die aus den im Buch gegebenen praktischen Hinweisen resultieren, eine Haftung übernehmen.

## Umwelthinweis

Dieses Buch wurde auf chlorfrei gebleichtem Papier gedruckt. Um Rohstoffe zu sparen, haben wir auf Folienverpackung verzichtet.

Die GU-Homepage finden Sie unter www.gu-online.de

## Liebe Leserin und lieber Leser,

wir freuen uns, dass Sie sich für ein GU-Buch entschieden haben. Mit Ihrem Kauf setzen Sie auf die Qualität, Kompetenz und Aktualität unserer Ratgeber. Dafür sagen wir Danke! Wir wollen als führender Ratgeberverlag noch besser werden. Daher ist uns Ihre Meinung wichtig. Bitte senden Sie uns Ihre Anregungen, Ihre Kritik oder Ihr Lob zu unseren Büchern. Haben Sie Fragen, oder benötigen Sie weiteren Rat zum Thema? Wir freuen uns auf Ihre Nachricht!

**GRÄFE UND UNZER VERLAG**
Leserservice
Postfach 86 03 13
81630 München

**Wir sind für Sie da!**
Montag–Donnerstag: 8.00–18.00 Uhr
Freitag: 8.00–16.00 Uhr

Tel.: 0180-5005054*
Fax: 0180-5012054*

*(0,14 €/Min. aus dem dt. Festnetz/ Mobilfunkpreise können abweichen.)

E-Mail: leserservice@graefe-und-unzer.de

Wollen Sie noch mehr Aktuelles von GU erfahren, dann abonnieren Sie doch unseren kostenlosen GU-Online-Newsletter und/oder unsere kostenlosen Kundenmagazine.

### Unsere Garantie

Alle Informationen in diesem Ratgeber sind sorgfältig und gewissenhaft geprüft. Sollte dennoch einmal ein Fehler enthalten sein, schicken Sie uns das Buch mit dem entsprechenden Hinweis an unseren Leserservice zurück. Wir tauschen Ihnen den GU-Ratgeber gegen einen anderen zum gleichen oder einem ähnlichen Thema um.

*Ein Unternehmen der*
GANSKE VERLAGSGRUPPE